效率手册

①表达高手

EFFICIENCY MANUAL

于木鱼◎著

台海出版社

图书在版编目（CIP）数据

效率手册 . 1, 表达高手 / 于木鱼著 . -- 北京 : 台海出版社 , 2021.10

ISBN 978-7-5168-3161-8

Ⅰ . ①效… Ⅱ . ①于… Ⅲ . ①人际关系—手册Ⅳ . ① C912.11-62

中国版本图书馆 CIP 数据核字（2021）第 201141 号

效率手册 . 1, 表达高手

著　　者：于木鱼

出 版 人：蔡　旭　　　　封面设计：仙　境
责任编辑：赵旭雯　魏　敏　高惠娟

出版发行：台海出版社
地　　址：北京市东城区景山东街 20 号　邮政编码：100009
电　　话：010-64041652（发行，邮购）
传　　真：010-84045799（总编室）
网　　址：www.taimeng.org.cn/thcbs/default.htm
E-mail：thcbs@126.com

经　　销：全国各地新华书店
印　　刷：旭辉印务（天津）有限公司
本书如有破损、缺页、装订错误，请与本社联系调换

开　　本：880 毫米 ×1230 毫米　　1/32
字　　数：310 千字　　印　　张：15
版　　次：2021 年 10 月第 1 版　　印　　次：2021 年 12 月第 1 次印刷
书　　号：ISBN 978-7-5168-3161-8

定　　价：149.80 元（全 3 册）

前　言
PREFACE

人们在表达中总是有各种各样的困扰，比如表达不流畅、不完整、语无伦次、没有重点等。特别是在职场中，表达没有重点的人，往往工作效率低下，沟通成本过高。尤其是在工作汇报、工作总结等不可避免的重要场合中，没有重点的表达更为致命。你的表达是不是也总是没有重点？那你需要这本书，帮助你抓住关键，精准表达。

还有些人喜欢说话，喜欢与别人分享，但不是所有的侃侃而谈都受他人欢迎。有些人的侃侃而谈总是说不到点子上，这样很容易给人一种感觉：我不知道你在说什么。这导致我们不能与他人进行顺畅的交流。而具备逻辑性的表达通常有一定的线索，跟着这条线索，听众就能比较轻松地理解你表达的内容。如果你的表达也总是没有逻辑，那你需要这本书，帮助你理顺思路，清晰表达。

无论是在工作还是在生活中，总会有一些意想不到的突发事件出现，比如工作中领导突然间抛出了一个我们不知道如何应对的问题，比如生活中家人突然间问了一个我们不想回答的问题，再比如朋友突然问了一个尴尬的问题，导致“空气突然安静”。在这些突如其来的场景中，我们怎样做才能很好地缓解尴尬呢？阅读这本书，帮你轻松应对任何提问。

在人与人之间的交往过程中，最尴尬的情况莫过于两个人坐在一起没话说。人与人之间最遥远的距离不是地域距离，而是我明明就在你的旁边，却不知道应该说什么。我们应该怎样应对这种“尬聊”呢？这本书可以帮助你打破沉默，合理表达，做到随时随地有话说。

很多人都被即兴表达困扰着，害怕开会时领导的临时发问，担心正式场合的临时分享，不知道该如何从容地应对。这大多是因为，突然的表达会让发言者心里没底，如果即兴表达缺少方法和框架，那么表达者就很难自如地应对。你是不是也有这样的困扰呢？本书教给你即兴表达的框架逻辑，让你随时随地从容表达。

这是一本通俗易懂的工具书，可以随时随地翻阅。本书从上面提到的“有重点”“有逻辑”“有应对”“有话说”“有即兴”5 个方面帮你全方面提升表达能力。相比枯燥的方法论类的书，本书中有大量的人物故事和场景案例，你可以学习多种场景下表达的恰当方式和实操方案，从而获得直接、快捷、有效的帮助。

此外，建议你同步阅读《效率手册》系列书籍的另外两本《效率手册 2：沟通高手》和《效率手册 3：社交高手》，它们能帮助你在有条理、有逻辑地精准表达的同时，掌握高效的人际交往方法，进而成为会表达、懂沟通、擅社交的高手。

目 录

Part 1

有重点：抓住关键，精准表达

Part 2

有逻辑：内容严谨，清晰表达

Part 3

有应对：轻松应对任何提问

Part 4

有话说：拒绝沉默，合理表达

Part 5 

有即兴：随时随地从容表达

Part1

有重点：抓住关键，精准表达

01 | 说不出口，先有结论再表达

在职场中，我们经常会有这样的困惑。同样是给领导汇报工作，有些人汇报过后领导连连称赞；有些人还没等汇报完，中途就被领导直接打断，并且领导还非常不耐烦地表示不想再听下去了。遇到这样的情况，汇报人也很难再开口表达下去了。

在汇报中，让汇报人无法再继续说出口的一定不是汇报内容本身，而是领导听到汇报后的反应。这类汇报人，并不清楚领导最想听什么信息，所以才会有类似的事情出现。

胡新是公司的销售主管，虽然销售业绩一直不错，但是一到月度总结的时候他就头疼。这次月度总结他又被领导批评了。

胡新："各位领导好，我来汇报一下我们销售一组这个月的业绩情况。我们这个月干得很艰难，整整一周都没有任何的业绩更新。主要的原因有两个，一个是我们一组人手严重不足，因为有两个人离职了。另一个是客户都被离职的老员工张强撬走了，所以，才会有一周的困难期，之后的一周……"

老板："行了行了，你别说了，你们业绩不是第一吗？你这半天都讲了什么？”

胡新：“我就是说……”

老板：“你别说了。好了，下班前交一组数据给我。散会吧。”

胡新的汇报问题到底出在哪儿？我想大家不难发现，胡新讲了半天都没有讲到结论，一直在讲原因。所以，领导听了半天都不知道胡新要说什么，索性就不听了，还是回去看数据快一些。

有很多职场人在汇报工作的时候，会跟案例中的胡新犯同样的错误，解决这个问题的方法非常简单，就是首先要做到以终为始，结论先行。华商基业创始人王琳在《结构性思维》一书中，提出结论先行的理论，指的是表达者要先将事情的结论交代清楚，再交代原因，这样可以节省表达者和听众双方的时间成本，更好地促进下一步的沟通。

只谈原因，不谈结论　　结论前置，再谈原因

如果将胡新的表达内容提炼出结论，将重点的业绩、指标、内容，总结成一句话，让别人快速理解，且将结论前置，这样就可以让领导安心听完了。

比如可以这样说：

“各位领导好，我来汇报一下我们销售一组这个月整体的业绩情况。总的来说，我们的业绩达到了 100 万，超出公司制定的业绩标准的 20%。

“但其实我们能够达到这样一个业绩，也确实来之不易。首先，在这个月第一周的时候我们没有一笔成交，主要是因为我们的老员工带走了我们很多核心客户。同时，还有两位员工在月初的时候离职了。无论是资源还是人手都不足。但我这边快速组织了内部会议，重新盘点资源和树立目标，大家也非常配合，非常团结，没想到我们在第二周就完成了 40 万。这是一次历史新高。之后的两周又很顺利地完成了 60 万，所以才有这次的好成绩。

“下个月我们的计划一共有 3 个，第一个是业绩要达到 90 万，第二个是拓展 3 个大客户，第三个是招聘两位新同事。”

将胡新的工作汇报进行了这样的调整之后，就显得有重点又有条理。如果只有 30 秒钟的时间，他只需要说“我们的业绩达到了 100 万，超出公司制定的业绩的 20%”就可以了。即使是时间比较长的工作汇报，当这一句一出现，领导就领会到了重点，也就更愿意往下听。

所以，要想汇报工作的时候又快又高效，就一定要做到结论先行，将复杂的信息简单化，简单到只有一句话。

02 | 说话啰唆，先说重点再补充

王丽是某公司的一名负责技术的职员，因为董事长的秘书小刘这几天生病了，于是公司安排王丽替小刘几天。结果没想到，王丽只做了不到一天，董事长就不满意地换掉她了。事情的经过是这样的：

王丽："董事长，您还记得老古吧？哎呀，他要离职了，我看他也是老员工，要不然咱们给他想想办法帮帮忙呀？"

董事长："你想说什么？"

王丽："哎呀，其实这事也挺不好意思的，我觉得他家里挺不容易的，本来离职了想再找个好工作，结果家里出了点事。"

董事长："你是什么意思？"

王丽："董事长，这不销售部部长也拿不定主意吗，我就觉得老古是挺好的老同事啊，再考虑考虑啊……"

董事长："你明天不用替小刘的班了……"

我想看到这里，大家一定都看出来为什么董事长会感到不耐烦了。王丽犯了一个在职场中很致命的错误——说话无重点。董事长

听了半天都不知道王丽到底要说什么，而王丽到最后都不知道自己为什么被换掉。

时间就是生命，特别是在职场中，人们格外注重时间，如果不能在很短的时间内把工作的重点汇报出来，就是在浪费彼此的生命。并且，职位越高处理的事情越多，时间就越紧，领导没有时间听没有重点的表达，并且不需要员工替他做决定。王丽正是犯了这两大禁忌，才被调走的。怎样表达既能够有重点，又能够不替领导做决定，还能表达自己的想法呢？可以尝试“先说重点，再询问”的方式。

王丽：“董事长您好，销售部部长想见您，主要事件是：之前打算离职的老同事老古，现因为家庭原因不想离职了，销售部部长拿不定主意是否能留下老古。您看您是否方便见一下销售部部长？”

如果这样表达，只是客观陈述一个事实，同时又把最重点的“销售部部长要见面”这件事情交代清楚，然后询问领导建议，就可以了。无论是否接见，是否留下老古，最终都需要领导自己来做决定，这不属于秘书的工作范围。

有重点的客观表达在职场当中非常重要，不仅面对领导如此，面对客户也是如此。

麦肯锡公司是全球知名的咨询公司，麦肯锡有一个很经典的 30 秒钟电梯理论，验证了先说重点的重要性。

麦肯锡公司成立早期，有一个员工约了一位重要客户。客户的时间非常紧张，事先已经告知了麦肯锡团队，这次的谈话只有 10 分钟的时间。麦肯锡团队觉得 10 分钟完全够用，于是这位员工信心满满地去面见客户。结果非常不凑巧，见到客户的时候他正要出去，客户说："实在不好意思，我有个非常紧急的事情要马上处理。之前说给您 10 分钟的时间无法做到了。这样，我的时间只有从这儿到 1 楼的这段时间，大概也就 30 秒吧。您就在坐电梯的这段时间里跟我说一下吧。"

这位员工特别紧张，所以没有好好把握这 30 秒钟的时间，最后，丢掉了这个单子。因为这件事情，麦肯锡团队开了一次非常重要的会议。既然用户有需求，我们就要满足，用户只有 30 秒钟的时间，那就在 30 秒钟内解决问题。所以，麦肯锡公司开会决定，与客户沟通时将内容重点前置，不论对方是否有时间都要先说重点。

换个角度来想，领导与客户有非常相似的地方，大多都是时间紧、任务重，所以为了节省彼此的时间，说话先说重点慢慢成了职场上的沟通法则。如果领导听我们说话的时候很明显地表现出不耐烦的情绪，那作为职场人的我们一定要警觉，领导的不耐烦非常有可能是因为我们的表达缺少重点，正在浪费领导的时间。

我们对自己说话是否有重点的考核也非常简单，就是看能否在 30 秒钟的时间内将最重要的部分表达清晰，如果不能，就要掌握更快速、更有效率的表达方式。

03 | 说话跑题，一个妙招帮你牢抓核心点

说话跑题是很多人的通病，不仅使自己的表达效率低下，同时也给接收信息的一方造成了困扰。

黄飞看了一场电影后，对朋友金怡说："这个电影简直太好看了。我跟你说说里面的精彩情节。"

金怡也是一个电影迷，于是很期待黄飞的分享，连连点头。

黄飞接着说："男主角特别厉害，一开始的时候，他发现了坏人，然后独自去救女主角，再然后，咦，说到这儿我想起来之前看过的一个电影，特别相似，那个情节好像也是这个样子的……"

金怡听不下去了，打断黄飞说："你讲昨天看的电影呀，怎么还讲其他电影呢？有点混乱……"

不论是在生活还是工作中，很多人都会遇到类似的情况，讲着讲着就不知道自己讲什么了。如果像上一个案例一样，是朋友之间的沟通，那对方或许还可以忍受，毕竟朋友之间不会计较太多。但如果是在工作场合中，这样发言必定会引起听众的反感。

王京是某公司的一名业务部主管，平时要处理很多往来业务，一年下来工作做得也非常出色。这次年会，老板特意在会议上表扬了王京，并邀请王京来给大家做一下经验分享。王京是一个表达能力还不错的人，即使是即兴表达，他也可以说上两句，但是不管是有准备还是没有准备的情况下，不管王京看起来多么侃侃而谈，下面的观众从来都不喜欢听他说话。这次，王京一上台，下面就有一些同事开始叹气，交头接耳："唉，这下子好了，年会又要推迟结束时间了，这哥们实在是太能讲了，而且每次都不知道他在讲什么。"

王京："非常感谢老板对我的认可，其实我真的挺意外能够有机会在这里进行分享。我在公司大概待了有 3 年的时间，在这 3 年里，我见到了很多人很多事，比如说有一次（此处省略 3 分钟）……之后，我终于在公司中获得了肯定……"

老板："小王，你的业务水平是真的很好，但是话也太多了，要是能讲讲重点就好了，我们今天时间有限就到这儿了。感谢王京的分享。"

王京下台后，同事们又在窃窃私语："果然，不明白这几分钟他讲了什么，好像什么都说了，又好像什么都没说。"

王京是大家印象中"口才好"的人，同事们都知道他的"侃侃而谈"，但是没人愿意听他说话。因为他的表达中缺少重点，废话一大堆，一直在跑题。我想谁也不愿意获得这样的"滔滔不绝"的称号。而在生活中，像王京这样侃侃而谈、滔滔不绝、毫不怯场，却无法给别人留下好印象的人也不在少数。因为这样的表达永远让人丈二和尚摸不到头脑。

其实，解决讲话跑题的问题并不难，一招就可以搞定，这招叫——关心。关心有两层含义，一层是在表达的过程中，关键词在自己心中；另一层是在表达时，关心别人想听什么。

“关键词在我心”的技巧非常好用。只要我们在表达的过程中，心中只想着这一个关键词，那么即使我们讲得再多，也不会偏离这个关键词。比如，我们对王京刚才的讲话内容进行调整，将其注入一个关键词：感恩。那整体的分享基调就会变得完全不同。

“非常感谢老板对我的认可，其实我真的挺意外自己能够有机会在这里进行分享。我此时此刻确实有点激动。在公司工作 3 年以来，我只想表达一个词‘感恩’。3 年前我还是一个什么都不会、什么都不懂的毛头小子，而这 3 年的时间，公司对我的栽培让我铭记于心。谁会给一个工作经验不丰富的人海外交流的机会呢？我们公司给，那次海外交流让我大开眼界，回来后，我整个人像打了鸡血一样。这次交流颠覆了我对整个行业的理解。感恩公司给我的机会。再次感恩大家，感恩公司，谢谢大家。”

如果王京使用这种以关键词为中心的方式进行表达，至少不会再让别人听得不耐烦了，也不会自己讲着讲着就跑题了。不过，单单只围绕着关键词进行表达，虽然可以帮助大家在不跑题方面得到提高。但是表达不仅仅需要有重点，还需要有趣味，要让观众喜欢听。刚才使用关键词“感恩”进行的表达，只有对公司的感恩之情，却没有任何与台下同事有关的信息。

因此，我们还需要利用“关心”的第二层含义：关心别人想听什么。在王京的分享中，同事最喜欢听什么呢？一定是与自己有关的信息。实际上，所有人都喜欢听跟自己有关的内容。因此，王京的表达在刚才的基础上还可以这样补充一段：

“……（前面省略）感恩公司给我的机会。同时，我也要感恩我的团队，如果不是团队当中每一个人给我支持，我现在也不会站在这里。我还记得为了谈一个大客户，小张帮客户忙前忙后到半夜，最后终于挽留住了这个客户。我也记得我们为了去投标，大家整晚不睡觉为了赶出一个完美的方案。所以，这个奖一定是大家的。最后，我也要感恩在场其他部门的领导和同事，对我们部门的大力支持，没有你们做坚强的后盾，就没有我们的今天。感恩大家的帮助，谢谢大家。”

这样调整之后的表达既不跑题，又表达了对公司和同事的感恩，让大家都感受到这次分享和自己息息相关，于是大家也就更愿意听了。

04 ｜说话语无伦次，一个框架帮你精准表达

王新："面试官，你好。"

面试官："你好，准备好了就可以开始自我介绍了。"

王新："好的。各位面试官好，我叫王新，我是刚毕业的学生，我之前有过实习经历……大二的时候有过，不对，大一我就已经开始实习了。大三的时候我去了一家互联网公司，不对，是大四的时候去的。大二我就希望能加入……"

面试官："小伙子，这样，你可能还没准备好。我们下次有机会再聊。"

很多人都有过跟王新一样的经历，不仅仅是在面试当中，还有其他重要的时刻，就变得语无伦次。主要原因是重要场合让人格外重视的同时，也会让人格外紧张。因为紧张，即使提前准备好了，表达也会变得没有逻辑，导致说话语无伦次。而要解决说话时缺少逻辑条理的问题，有一个很实用、很简单的框架可以帮助我们，那就是——时间线。

时间线这个简单的表达框架，蕴含在很多的表达方式中，只是通常以不同形态出现。

马云在表达时，就喜欢使用时间框架来表达：阿里巴巴成立之前……阿里巴巴成立初期……阿里巴巴成立 5 年后……

同样地，乔布斯在 *Stay Hungry,Stay foolish*（求知若饥，虚心若愚）这篇经典的演讲中充分使用了时间线的表达框架。

Stay Hungry,Stay foolish（节选）

第一个故事，是关于人生中的点点滴滴如何串联在一起。

我在里德学院待了 6 个月就休学了。到我退学前，一共休学了 18 个月。那么，我为什么休学？

这得从我出生前讲起。

我的亲生母亲当时是个研究生，年轻的未婚妈妈，所以她决定让别人收养我。她坚持认为应该让已经大学毕业的人收养我，所以我出生时，她就准备让我被一对律师夫妇收养。但是这对夫妻到了最后一刻反悔了，他们想收养女孩。所以在等待收养名单上的另一对夫妻，我的养父母，在一天半夜里接到了一通电话，我的亲生母亲问他们："有一名意外出生的男孩，你们要认养他吗？"他们回答："当然要。"后来，我的生母发现，我现在的妈妈并没有大学毕业，我现在的爸爸则连高中都没有读完。她最后拒绝在认养文件上签字。直到几个月后，我的养父母保证将来一定会让我上大学，她的态度才有所缓和。

17 年后，我上大学了。但是当时我无知地选了一所学费几乎跟斯坦福一样贵的大学，我那属于工人阶级的父母将所有积蓄都花在了我的学费上。6 个月后，我看不出念书的价值何在。那时候，我不知道自己这辈子要干什么，也不知道念大学能对我有什么帮助，只知道我为了念书，花光了我父母这辈子的所有积蓄，所以我决定休学，相信船到桥头自然直。

当时这个决定看来相当可怕，可是现在看来，那是我这辈子做过最好的决定。

当我休学之后，我再也不用上我没兴趣的必修课，而把时间拿去听那些我有兴趣的课。

他的演讲从出生讲到上大学，然后到休学，这就是一种时间线的表达框架。按照时间线的框架进行表达，可以帮助我们解决说话语无伦次的问题，做到精准表达。就如王新的案例，我们可以使用时间线表达框架进行调整。

王新："各位面试官好，我叫王新，是一名刚刚毕业的大学生，我的专业是大数据技术应用。在校期间我有过三段互联网公司实习的经历。第一段是在大一下学期的时候……第二段是在大二刚开学时……第三段是在大四的时候……"

按照时间线框架进行表达，可以让我们避免语无伦次，从而做到有条理地清晰表达。

05 ｜说了后悔，提前构思表达思路

有些人表示，自己不敢在重要场合发言，因为担心自己说错话，一说完就后悔，所以在需要表达的场合，经常退缩，不敢说话。

胡小飞是一家贸易公司的财务人员，在公司里特别不爱说话。除了必要的财务工作内容说明，其他时候他都不开口说话。甚至对于一些工作事项，能书面沟通的他就绝对不当面说明。

有一次，有一位同事有很着急的财务问题要问他，于是直接跑到了他的办公室，想快点解决。

同事："胡会计，你看看，这部分能不能提前打款，客户实在是着急，这也是我们即将发展的一个大客户。"

胡小飞："这个……呃……不清楚，制度上……行吗……我之后跟你在微信上说吧。"胡小飞的回答让人丈二和尚摸不着头脑。

同事："啊？到底行不行？"

胡小飞："回去吧，微信上回复。"

同事很不开心地走了。

胡小飞特别懊恼，明明很简单的问题，可自己每次一开口就说不清楚了，只能书面沟通。胡小飞一直觉得自己有语言障碍，以前在与人交往的时候，他也很想说话，但是每次都不知道要说什么，没什么思路，好像脑海当中都是零零散散的点，串不成一条线似的。所以，他说话时也就支支吾吾的。

胡小飞面对同事时表达不清的情况，主要是因为他没有一个清晰的表达思路，所以一些要点总是被漏掉或者没说清楚，事后回想的时候才后悔，久而久之就不愿表达了。

我们的表达其实一直追求的是“想清楚、说明白”这 6 个字。这 6 个字看起来容易，实则不简单。首先，这是两个能力，想清楚是思维能力，说明白是表达能力。因此就会出现一些有趣的现象，有些人想不清楚，说不明白，这样的人首先应提升思维能力；有些人是想得清楚，说不明白，这样的人应当提高的是表达能力；还有些人是想得清楚，说得明白，这样的人是我们希望成为的人。胡小飞是第一种：想不清楚，说不明白。没有思绪，想都没想好，那就更难进行表达。

所以，要想表达好，就要先想清楚。想清楚这种思维能力锻炼起来没有那么容易，这里我有一个简单易上手的框架，可以帮助大家快速入门，解决常规性的表达问题。

公式：观点 + 分条说明 + 结论 + 如何解决（可能性）。

观点：表达出自己的想法或者看法，也是本次说话的重点和中心思想。

分条说明：对观点进行解释说明，证明自己的观点有理有据，并且用“数字 + 内容”的方式更加清晰地表达出来。

结论：总结结论。

如何解决（可能性）：必要的时候，可以给出一些建议，或者分析事情进展的可能性。

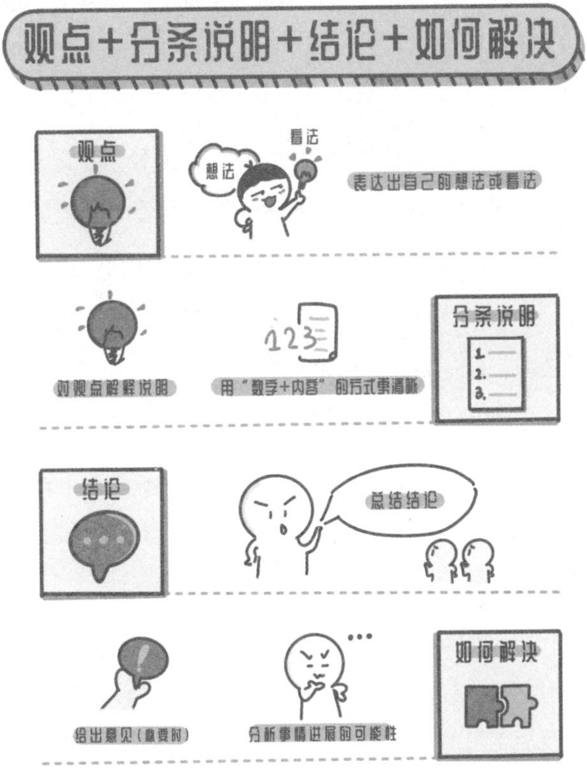

无论是私下沟通还是当众说话，都可以按照这个公式来梳理思路，从而清晰表达内容。就拿胡小飞的例子来说明，进行公式的套用后，可以这样表达：

这个预算的审批可能比较难。主要有两方面的难度：第一，公司所有的预算都必须走流程，这在 3 天前的会议上王总已经强调过了。第二，这笔预算金额很大，从别的渠道临时支来这笔预算比较难，所以审批难度比较大，特别是我这儿就更麻烦了，也不太符合流程。不过，有一个方法你可以试试，你可以问一下负责你们这个项目的部长，让他跟公司提交临时申请，如果公司同意，我这边会做优先处理。不过，按照惯例，即使审批通过了，走完过账流程也需要两天。我只能说这种情况下，在我的环节我会快速处理，但是其他环节，我很难预测。要不你先试试去跟你们部长说一下吧。

按照公式，我们来拆分解读一下。

观点：这个预算的审批可能比较难。

分条说明：主要有两方面的难度：第一，公司所有的预算都必须走流程，这个在 3 天前的会议上王总已经强调过了；第二，这笔预算金额很大，从别的渠道临时支来这笔预算比较难。

结论：审批难度比较大，特别是我这儿就更麻烦了，也不太符合流程。

如何解决（可能性）：不过，有一个方法你可以试试，你可以问一下负责你们这个项目的部长，让他跟公司提交临时申请，如果公司同意，我这边会做优先处理。不过，按照惯例，即使审批通过了，走完过账流程也需要两天。我只能说这种情况下，在我的环节我会快速处理，但是其他环节，我很难预测。要不你先试试去跟你们部长说一下吧。

这样的表达，思路就非常清晰，避免了说完就后悔的现象。同样，这个公式不仅仅可以用在一对一的沟通交流中，也可以用在公众表达的场合中。先理顺表达思路再上台发言效果会更好。

06 | 新入职，怎样做自我介绍才能让大家印象深刻？

第一次进入入职的公司，自我介绍很重要，因为这是一次很好的机会，来给新同事和领导留下好的第一印象。

有 3 个新员工同时进入一家公司的销售部门，上班第一天，部门领导向大家介绍这 3 位新同事，并且邀请他们做一个自我介绍。

甲："啊？我不知道竟然还要做自我介绍。行吧。那我来随便说说，我叫甲，今年 25 岁，单身，之后会跟大家一起工作，谢谢。"同事听到"单身"的时候，已经开始哄堂大笑了。

乙："大家好，我叫乙，毕业于 ××× 大学旅游管理专业，来到我们公司工作，我很开心，希望大家多多关照。"

丙："各位领导、同事，大家早上好！我叫丙，毕业于 ××× 大学金融系。很高兴以后能够跟大家共事。我来自山东青岛，我有一个很大的爱好，就是看书，我平均每年会读 50 本书，很喜欢学知识，也很喜欢跟别人分享。同时，工作中我也很喜欢请教别人，我是个新人，希望以后能够多多跟前辈们学习，也希望通过我们公司这个平台跟大家成为好同事、好朋友，共同进步。谢谢大家。”

上面这个例子中，3 位新员工都是第一次来到公司。甲没有想到要做自我介绍，乙做自我介绍的时候轻描淡写，丙的表达能够让人感受到他格外在乎这第一次的自我介绍。单单看内容，谁的自我介绍印象会让人更深刻一些呢？我想一定是丙。当然，也一定会有伙伴说是甲，毕竟甲说了自己单身这么有趣的信息。不过，在职场这种比较严肃的场合中，甲的介绍并不是好的自我介绍。

甲并没有介绍什么有效的基本信息，只是把名字、年龄、婚否这样的信息描述了出来，感觉就像一个相亲见面会上的自我介绍。这种介绍方式，在职场中给人的感觉除了他着急脱单，可能留不下其他什么印象了。

乙的表达太过于简单，给人的记忆不深刻。如果后面很多人都这么讲，可能谁也记不住谁。

丙的表达，在这个职场环境中是明显优于甲和乙的，因为丙的表达中蕴含着很多有效信息，并且，还有一个给别人留下印象的特点——爱学习和请教。这样一来，即使他在新工作当中遇到什么问题，跟别人请教，别人也不会反感，毕竟他在自我介绍中已经铺垫过了。

如何让我们的自我介绍像丙一样给别人留下好印象呢？有一个简短有效的自我介绍框架可以使用。

框架：

三个基本信息：问候、自我介绍、来自哪里。

一个价值体现：个人性格、爱好、好的品质等。

一个期待收尾：和大家进行连接，美好的期待。

丙的自我介绍，完全按照这个自我介绍框架进行了表达，我们一起来分析一下。

三个基本信息：各位领导、同事，大家早上好！（问候）我叫丙，毕业于 ××× 大学金融系。很高兴以后能够跟大家共事。（自我介绍）我来自山东青岛。（来自哪里）

一个价值体现：我有一个很大的爱好，就是看书，我平均每年会读 50 本书，很喜欢学知识，同时也很喜欢跟别人分享。同时，工作中我也很喜欢请教别人，我是个新人，希望以后能够多多跟前辈们学习。

一个期待收尾：也希望通过我们公司这个平台跟大家成为好同事、好朋友，共同进步。谢谢大家。

当然，自我介绍的方法非常多，这个框架除了简单之外还有一个很大的好处，就是能够突出我们的一个价值特点。所以，建议大家在自我介绍前提前想好想突出自己怎样的价值特点，这样就可以完成一场有记忆点的自我介绍。

如果大家想突出的价值特点是经验足，那可以在价值体现的部分这样说："我在酒店行业有 10 年的工作时间了，在这 10 年的时间里，我服务过的公司有 3 家，都是行业排名前十的企业，接待的国内外旅客超过了 5 万人。虽然，我是第一天来到公司，但我觉得我的行业经验可以跟大家进行更多的分享，大家也可以跟我多沟通交流公司的情况，让我们相互赋能。”

如果大家想突出的价值特点是运动能力强，那可以尝试这样说：“我是一个长跑爱好者，目前我参加过 5 次全马，10 次半马。并且我总结出了一套普通人很实用的跑步方法。我听说我们公司就有跑团，希望之后我能够跟大家在努力工作之余，一起努力奔跑。”

07 | 见客户，怎样谈对方更愿意合作?

王维飞是公司的销售业务人员，从事销售工作大概有 3 年的时间了。虽然也有过很不错的业绩成果，但是王维飞总是感觉谈客户就像是啃一块大骨头，每次都让自己心力交瘁。看看身边其他业绩好的同事，大家虽然都很辛苦，但也有非常顺利就谈成业务的时候。那到底怎么样才能够让客户愿意跟你合作呢?

有一次，王维飞跟销售主管一起去见一位重要客户，同样都是第一次见面，但销售主管很明显能够快速抓到客户在意的关键点，立即让客户对公司产品产生兴趣。王维飞羡慕的同时，深深感觉到自己和主管之间的差距，并且不知道应该从哪几个方面去努力。

销售主管在事后跟王维飞说："在做销售这件事情上，我比你多做了几年，我觉得有一点特别重要，就是了解客户的特点。不同的人需要用不同的沟通方式，这往往跟他们的性格有关系。有些人性子急就快点说结果，有些人性子慢就慢慢跟他们聊，还有些人比较难做决策，那就先维护关系。"

王维飞听完主管的这段话后恍然大悟，原来面对不同的客户要采用不同的方法。很多做业务的朋友，都有跟王维飞类似的问题。感觉非常好用的一套话术在甲客户身上使用很奏效，但是在乙客户身上可能半点作用都发挥不出来。这并不代表我们的话术不好，也并不代表客户一定就是不友善的。其中有很大的可能性便是，我们的表达方式没有满足客户的需求，而不同的人又有不同的需求。此时，怎样用对方接受的方式来切入，就显得很重要了。

实际上，找到不同人的性格特质就是抓到了重点，从重点切入会使交流更有效，客户的配合度也会更高。在李海峰老师的《赢得欣赏：在社交圈收获好人缘》中，提到了人常见的四种行为风格，分别是 D（Dominance）支配型、I（Influence）影响型、S（Steadiness）稳健型、C（Compliance）服从型。具有不同行为风格的人，其关注点自然也就不相同。

具有 D 特质行为风格的人，通常情况下比较在乎结果，目标感比较强，性格相对外向，性子比较急。在与这样的客户进行沟通的时候，要直接先说结果，少一些拐弯抹角，多一些成果、效果，这样会让 D 型人觉得我们很爽快，使 D 型人更愿意配合、合作。

具有 I 特质行为风格的人，通常情况下比较在乎过程，是个“快乐至上”的人，而且通常比较幽默，性格相对外向，性子相对比较急，有时候缺少耐心。在与这样的客户进行沟通的时候，要营造“开心、快乐”的氛围，只要氛围好，很多事情都好谈，做什么都没有让他们保持好心情更重要。所以，要多互动，多认可对方，让对方感觉自己受到了重视，这样才能促使 I 型人更加愿意合作。

具有 S 特质行为风格的人，通常情况下比较在乎过程，为人和善，性格相对来说比较内向，节奏相对较慢，比较重视人际关系和家庭。在与这样的客户进行沟通的时候，要照顾他们的节奏，不要着急，多一点耐心，多培养一些感情。当情感账户储存到位的时候，S 型人的配合度会更高，对于他们来说，信任比速度要重要得多。

具有 C 特质行为风格的人，通常情况下比较在乎细节，比较完美主义、严谨，关注事实数据，节奏也相对较慢，很难快速做决定。C 型人无法快速做决定的原因是：一定要货比三家，才能做出选择。与这样的客户进行沟通的时候，要摆事实讲道理，用大量的数据和案例保证自身产品的真实可靠性，细节越多，越容易打动 C 型人。同样，C 型人的配合度也就会更高，合作性也会更强。

所以，促使对方同意合作的重点其实并不单单取决于我们的表达方式、产品的好坏、公司的优劣，更在于我们是否有洞察人心的能力，在短时间内快速找到客户的行为风格，察觉到客户的关注点，用客户相对最能接收的方式与之交流，这样才能更好地推动事情的发展，提高客户的参与度。

08 | 工作汇报，怎样说才能突出自我优势？

工作汇报一直以来是职场人士头疼的场景之一，虽然每个公司工作做汇报的频率并不相同，有的公司是一天一次，有的是一周一次，有的是一个月一次，有的是半年一次甚至一年一次。但之所以很多人都为之如此头疼，主要是因为工作汇报这件事关乎职场发展，即使一年没有几次，一旦有，那就是彰显自己工作能力和工作成果的关键时刻。那什么样的工作汇报才算是一个好的、凸显自我优势的工作汇报呢？一个好的工作汇报要具备以下 3 点。

1. 汇报人要具备演讲能力

如果汇报人不具备演讲能力，在进行工作汇报的时候，不论多么好看的数据、内容，也可能会因为紧张等问题表现不出来，从而无法体现自己真正的能力。所以，具备演讲能力很重要，在工作汇报中有 3 个好处。

（1）心理素质强

（2）表达流畅

（3）具有感染力

而缺少当众演讲的能力、面对很多人说话时感到非常紧张，往往是工作汇报中最大的阻碍。其实，解决这个问题并不是很难，只需要先缓解紧张情绪即可，我在书籍《从 0 到 1 搞定即兴演讲》中，有详细提到缓解演讲紧张的方法。

（1）增强自信

给自己一些积极正面的心理暗示，比如“我可以的”“我是最棒的”“我就是舞台的主宰”“舞台一站成功一半”等。当具备了一次成功的感觉时，我们的自信心会倍增，同时发挥也会更好。

（2）手势动作

在表达时加入一些适当的手势动作，会让整个人稍微放松下来，缓解紧张情绪。

（3）做好“彩排”

如果条件允许的话，在工作汇报前进行“彩排”。“彩排”的场地最好与工作汇报的场地在同一个地方，这样会增加我们对场地的熟悉度，从而缓解汇报时的紧张，能更加从容地面对工作汇报。

2. 汇报内容要突出个人优势

有很多人在汇报工作时遇到的最大的障碍并不是紧张、不会演讲，他们的表达很流畅，但内容没有重点，只是平平地叙述数据。工作汇报中具备好内容很重要，好的内容在汇报工作时的最大好处就是可以凸显自己的工作优势。

张适来到这家房地产公司已经有一年多的时间了，但是在这一年多的时间里，张适从没有做过一次工作汇报。这次，因为张适工作成绩优异，主管让张适一起进行工作汇报。张适还是第一次参与这种汇报工作，轮到他时，他的汇报如下：

"各位领导好，我是来自销售一部的张适，今天第一次在这里给各位领导做汇报，我觉得特别荣幸。下面开始我的汇报：本月我个人的业绩达到了 500 万，谈成了 1 个客户，并且带了 2 个新员工，走访了 5 个老客户和 1 家合作公司。感谢各位领导。"

张适的表达虽然不能说有错误，但是真的谈不上出彩，只是将一些数据进行了罗列，也缺少数字的优势性。像"谈成了 1 个客户，带了 2 个新员工"这样的表述，很难说他的工作汇报是精彩的。而类似的问题很多人也都遇到过，他们心里会有共同的疑问："明明该讲的我都讲了，为什么领导就是觉得我的工作汇报不行？"

这主要是因为大部分人在进行工作汇报的时候，缺少利他思维，没有从领导的角度出发进行讲解。领导最在乎什么？他们最在乎的其实是员工所创造的成果对于整个公司来说的利益点在哪里，而做出成果的员工到底是如何做到的，方法是否可以复制。换句话说，是否可以让人人都学习这种方法从而做出这种业绩，在做的过程中，有没有什么困难需要克服。这些如果都没有体现出来，那么你的汇报在领导的心里就算不上是好的工作汇报，因为所有的数据领导都可以通过后台直接看到，并不需要做赘述，领导最希望听到的就是这些有利于公司发展的部分。

基于这种利他思维，那如何进行工作汇报会更好？

先说出利于公司、利于部门、利于他人的工作结果。然后说出具体的数据及案例，并且展示在这期间的收获和困难。最后进行简单收尾。

利用工作汇报的基本公式，套用在张适的工作汇报中，这样调整会更好：

“各位领导好，我是来自销售一部的张适。今天第一次在这里给各位领导做汇报，我觉得特别的荣幸。下面开始我的汇报：本月我个人的业绩达到了 500 万，占销售一部本月业绩的 60%，占公司本月 5 个销售部门总业绩的 15%（利他性结果）。我个人之所以能够取得这样的好成绩，主要是因为我这个月谈成了 1 个客户，准确地说是一个重要客户（具体数据案例）。虽然在跟这位重要客户沟通的时候反反复复谈了 5 次，甚至我一度觉得该放弃了，但最终还是坚持了下来，将公司的利益和客户的需求达到了一个平衡点，最终我们达成了长期合作关系（过程收获）。同时，这个月我还走访了 5 个老客户和 1 家合作公司，这些老客户看到了我的诚意，又继续支持我，我觉得这一点也很重要，如果没有他们的支持，我这个月也很难有这样的成绩。有时候在拓展新客户的同时，不要忘记老客户也很重要（具体数据案例 + 过程收获）。除了业务工作之外，这个月我还带了2个新员工，他们已经完成了基本培训，之后我会带着他们一起拜访客户，帮他们积累实战经验（具体数据案例）。这是我全部的汇报，再次感谢各位领导给我这样的一次分享机会，谢谢大家（结尾）。”

运用公式进行调整后，整体的表达有逻辑、有重点、有理有据。除此之外，还需要注意的是，具体数据案例和过程收获可以同时使用并且多次使用，因为如果工作内容越多，需要具体数据案例和过程收获表达的地方就越多。

3. 汇报人要具备即兴表达能力

在工作汇报的会议现场，领导或者同事经常会在汇报中、汇报后提出一些问题。而有些人具备了演讲能力，讲的内容很精彩，往往招架不住领导或同事抛出的问题。这主要是因为两点，一是领导、同事抛出的问题具备临时性，我们在此之前并没有预判到，也没有准备；二是我们缺少随机应变的能力。

关于临时问题的应对和即兴表达的方法，我在本书第三章和第五章中进行了较为详细的阐述和说明，如果大家对临时性的表达有十分紧迫的需要，可以在这两章中进行详细阅读。

09 | 年会上，作为优秀员工如何发表获奖感言?

年会几乎是每一家公司最重视的大型活动，在年会上除了娱乐性的抽奖和吃饭外，最让员工瞩目的莫过于表彰环节，鼓励前一年的优秀工作者，激励下一年的工作。每一个员工也都希望自己能获得表彰，但同时，几乎所有员工也会为发表获奖感言而头疼，不知道该怎样表达，也不知道什么样的获奖感言才是得体的发言。很多获奖员工在发表获奖感言的时候都发挥不好。

为什么工作优秀的员工讲不好获奖感言呢？主要原因有 3 个：一是这样的获奖经历确实不是每天都能发生的，最多也就一年两次，所以缺少经验；二是在获奖名单公布前确实不知道自己是否真的能够获奖，所以当得知自己获奖那一刻内心难免有一些意外或者激动的情绪，可能会影响正常发挥；三是不知道用什么样的表达方式来发表获奖感言会更好，这也是最重要的一点。

要解决这 3 个问题其实并不难，只需要做到这 3 点就可以了。

1. 每次当众发言都是练习场

每天领奖不太可能，但每天面对几个人当众发言还是会时常发生的。把每一次当众发言的机会都当作正式的舞台，反复练习，一有机会就尝试，慢慢积攒当众表达的经验，这样锻炼下来，即使以后你登上了大型舞台心里也是有底的。

2. 准备腹稿

虽然说获奖这件事确实不能提前预估，但是获奖感言的内容可以提前准备。但不必准备逐字稿，只需要在心里大概盘算一下腹稿，想一想如果真的获奖了可以讲哪些内容。重要的是先有个心理准备。

3. 临时获奖感言就用关键词展开法

因为获奖感言的临时性相对比较强，如果按照完全有逻辑框架的方式进行表达确实难度比较大，所以在这里我介绍一种既能够满足获奖感言的临时性，又能够满足内容的充实性的表达方式——关键词展开法。

首先我们上了颁奖台的第一句话一定是“大家好”。然后，我们在不确定是否所有人都认识我们的情况下，做个简单的自我介绍。之后在心里盘算一个关键词，比如团结，再将团结这个词贴近该场合来展开表达。

当我们获奖的时候，可以尝试这样表达：

“各位领导、同事大家好。我是 IT 部的王国。今天能够获得优秀员工奖我非常意外。此时此刻站在这里我有些激动，我觉得我能获得这个奖其实就只有一个原因，那就是我们部门的团结。如果没有大家的团结，我们部门和我自己也很难在今年取得这么好的成绩。我还记得大家为了达成目标，甚至在月底的后三天都没有睡过一个整觉，轮着写代码，就为了如期给客户交一份满意的答卷。也记得我们的刘主管陪着我一起去做用户需求调研，甚至我这边出了差错后刘主管还要帮我补救，感谢刘主管。同样非常幸运的是，我们公司各个部门都很照顾我们 IT 部，给了我们莫大的支持，我并没有感觉到跨部门沟通有什么困难，大家都是团结一致，盯紧目标。所以，我能有今天的成绩完全是大家的功劳，这个奖不是我的，是大家的。最后希望大家能够继续支持我们，感谢领导，感谢各位同事。”

只要找到关键词然后展开表达，我们就能够完成一场很精彩的获奖感言，关键词不必非常出彩，即使很普通也是可以的，重点是展开后要顾全大局。

本章我讲解了如何在表达中抓住关键点，当我们的表达有重点的时候，很多事情也就变得清晰了很多。当然，有重点只是第一步，还有更多的维度可以帮助我们将表达变得更好。下一章，我与大家一起走进表达逻辑的世界，让我们的表达随时随地有条有理。

Part2

有逻辑：内容严谨，清晰表达

10 | 说话没有条理，一个技巧拿来就用

说话没有条理的最大表现是语无伦次，也就是前言不搭后语，好像每一个字都可以听懂，但组合起来就是不知道讲话者到底要表达什么。语无伦次的本质原因是讲话者思维太过于跳跃，不连贯，导致表达也出现不连贯的情况，自然也没有人愿意听这样的表达。

曹平是一家公司的业务员，工作不到3年就晋升两级，身边的同事对此非常羡慕。

有朋友问曹平："你好厉害啊，怎么能够在3年内在这么大的公司里连升两级呢？这也太难了。"

曹平："我觉得我之所以能够这么快就升职，主要有3个原因，一是赶上了红利，二是抓住了机会，三是比较会表达。赶上红利是因为我们公司正好有新的业务板块需要开展，风口红利来了，一下子就有了机会。二是抓住了机会，很多老员工因为有家庭等原因都不愿意冒险，我觉得我还年轻，还可以试试，所以就自告奋勇，抓住了这次机会。三是我相对来说会表达一些，有些会议包括公司会议和一些发布会，我都可以临场讲几句，久而久之领导对我的印象

也就深刻了起来。其他我也没什么过人之处，可能就是运气好点吧。”

朋友听完赞叹不已：“厉害厉害，就听你刚才这段表达，如果我是领导，我也会很看重你的。”

曹平的表达有何过人之处？其实，并没有什么特别精彩的地方，但是满足了对职场人士表达的基本要求：清晰明了、有条有理。

想要达到跟曹平一样的表达效果并不难，曹平也只是运用了符合表达条理的公式：总体 + 分条 + 解释 + 收尾。

总体：总体概述。

分条：用数字 1、2、3……条来列举。

解释：对每一条进行解释说明。

收尾：运用简单总结的方式收尾。

假设开一次周会，我们就可以用这个公式有条有理地进行清晰表达：

“大家好，今天的周会不超过 1 个小时，我们会分为 3 个环节来进行会议。第一个环节我来进行上周的总体复盘，第二个环节是各个部门来进行各自业务的汇报，第三个环节是下一周的计划。那从我先开始……（省略具体细节）好，那我们今天周会的 3 个环节就全部结束了，我们散会。”

按照条理公式的技巧进行表达，会让我们的表达更加清晰，别人也能更好地接收信息。

总体＋分条＋解释＋收尾

11 ｜语言组织能力差，一套表达模板轻松解决

在表达的时候，语言组织能力一直是很多人关心的部分，也是体现一个人是否有逻辑、有框架的标准之一。而很多人在评价自己的表达能力时，都会用“我语言组织能力不太好”这句话来形容。实际上，一个人“语言组织能力不好”的主要原因，就是说话缺少框架、缺少结构性的思考和表达，导致“我有内容，但是不知道从哪里开始说好，也不知道在哪里结束”。

那怎样才能提高我们的语言组织能力？我在这里给大家推荐两种方法 + 一个表达模板，帮助大家掌握组织语言的诀窍。

1. 善于分析

已经出版的书籍、杂志、文章，绝大部分都具备结构性。你在看文章的时候，建议看两次，第一次纯欣赏，第二次分析文章的结构，梳理出文章的大体脉络，这样你就会对结构性这 3 个字有一个初步的

了解。

同时，我们在看别人演讲、听别人说话时，也可以进行完全相同的操作，在听的时候，尝试分析出对方表达的结构框架或者表达顺序。越分析越清晰，原来表达好的人都具备表达框架。

2. 勇于表达

有很多人觉得自己的语言组织能力不好，干脆就减少说话次数，导致每一次说话都觉得自己说不好，越来越不爱说，越来越不想说。但是表达这件事情几乎是怎么躲也躲不掉的，与其逃避不如尝试，不如在尽可能多的场合中勇于表达。可以先从熟悉的场合开始，慢慢过渡到陌生的场合，循序渐进地挑战自己，这会让自己慢慢喜欢上表达。

3. 模板：结构化表达常用模板

好的语言组织能力离不开结构化的表达框架，我们在表达的时候，无论是思维还是语言，都要有一个树状图那样的框架。王琳老师在《结构性思维》这本书中，提到了一个结构化表达的模型。

（1）结论先行

（2）上下对应

（3）分类清楚

（4）排序逻辑

也就是说，我们在表达的过程中，要想组织好一段话，首先要满足有结论、有呼应、有分类、有排序这 4 个方面。就像一张图一样展开自己的表达。

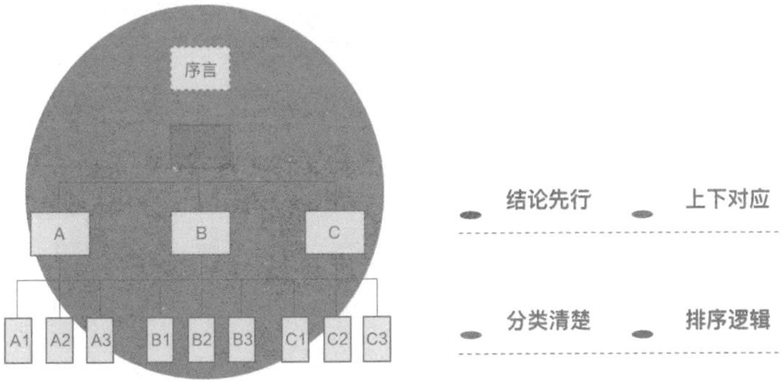

看起来复杂，但实际上使用起来并没有那么复杂。比如，下面这段话是俞敏洪的一篇经典演讲，它就是按照有结论、有呼应、有分类、有排序这 4 点来进行分享的。

《摆脱恐惧》

当有人站在这么一个舞台上，我们很多同学都会羡慕，也会想，要是我去讲，会比他讲得更好。但是不管站在台上的同学是面对失败还是最后的成功，他已经站在这个舞台上了。而你，还只是一个旁观者。这里面的核心元素，不是你能不能演讲，不是你有没有演讲才能，而是你敢不敢站到这个舞台上来。我们一生有多少事情是因为我们不敢所以没有去做的。

曾经有这么一个男孩，在大学里整整四年没有谈过一次恋爱，没有参加过一次学生会和班级的干部竞选活动。这个男孩是谁呢？他就是我。在大学的时候，难道我不想谈恋爱吗？那为什么没有呢？因为我首先就把自己看扁了。我在想，如果我去追一个女生，这个女生可能会说，你这头猪，居然敢追我，真是癞蛤蟆想吃天鹅肉。要真出现这种情况，我除了上吊和挖个地洞跳进去，还能干什么呢？所以这种害怕阻挡了我所有本来应该在大学中发生的各种感情上的美好。其实现在想来，这是一件多么可笑的事情，你怎么知道就没有喜欢猪的女生呢？就算你被女生拒绝了，那又怎么样呢？这个世界会因为这件事情就改变了吗？

那种把自己看得太高的人我们说他们狂妄，但是一个自卑的人，一定比一个狂妄的人更加糟糕。因为狂妄的人也许还能抓到他生活中本来不是他的机会，但是自卑的人永远会失去本来就属于他的机会。因为自卑，所以你就会害怕，你害怕失败，你害怕别人的眼光，你会觉得周围的人全是抱着讽刺、打击、侮辱你的眼神在看你，因此你不敢去做。所以你用一个本来不应该贬低自己的元素去贬低自己，这使你失去了勇气，这个世界上所有的门，都被关上了。

当我从北大辞职出来以后，作为一个北大快要成为教授的老师，马上变成一个穿着破军大衣，拎着糨糊桶，专门到北大里面去贴小广告的人，我刚开始内心充满了恐惧。我想这里都是我的学生啊，果不其然学生就过来了。哎！俞老师，你在这贴广告啊。我说，是，我从北大出去后自己办了个培训班，自己贴广告。学生说，俞老师别着急，我来帮你贴。我突然发现，原来学生并没有用一种贬低的眼神在看我，学生只是说，俞老师，我来帮你贴，而且说，我不光帮你贴，我还在这里看着，不让别人给它盖住。我逐渐就意识到了，这个世界上，只有你克服了恐惧，不在乎别人的眼光，你才能成长。也正是有了这样慢慢不断增加的勇气，我有了自己的事业，有了自己的生活，有了自己的未来。

回过头来再想一想，最近这几天正在全世界非常火爆的我的朋友之一——马云，他就比我伟大很多。马云跟我有很多相似之处，当然不是长相上相似，大家都知道，这个长相上还是有差距的，他长得比较有特色。我们俩都高考考了三年，我考进了北大的本科，他考进了杭州师范学院的专科，大家马上发现，从这个意义上来说，无论如何，我应该比他更加优秀。但是一个人的优秀并不是因为你考上了北大就优秀了，并不是因为你上了哈佛就优秀了，也并不会因为你长相好看而优秀。一个人真正优秀的特质来自内心想要变得更加优秀的那种强烈的渴望，和对生命的追求那种火热的激情。马云身上这两条全部存在。如果说在我们那个时候，马云能成功，李彦宏能成功，马化腾能成功，俞敏洪能成功，我们这些人都是来自普通家庭，今天的你拥有的资源和信息比我们那个时候要丰富 100 倍，你没有理由不成功。

当我们有勇气跨出第一步的时候，我们首先要克服内心的恐惧，因为在这个世界上，只有你往前走的脚步自己能够听见。所以我希望同学们能够认真地想一下：我内心现在拥有什么样的恐惧？我内心现在拥有什么样的害怕？我是不是太在意别人的眼光了？因为这些东西，我的生命质量是不是受到了影响？因为这些东西，我不敢迈出我生命的第一步，以至于我的生命之路再也走不远。如果是这样的话，请同学们勇敢地对你们的恐惧，勇敢地对别人的眼神，说一声 No！

俞敏洪这段经典演讲，我们按照有结论、有呼应、有分类、有排序来进行简单的演讲思路梳理，如图：

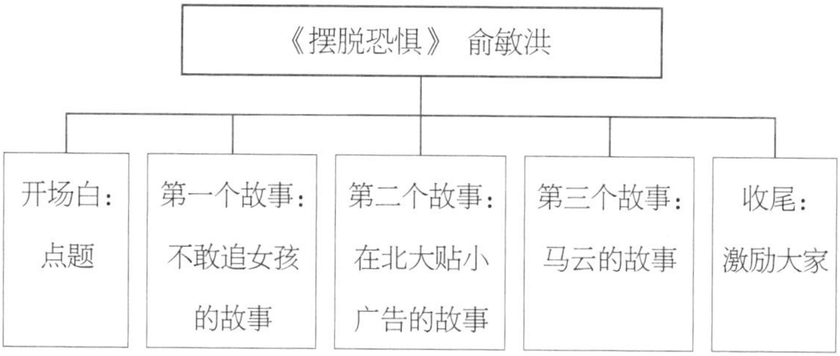

如果我们在表达的过程中也能够在脑海中，或者提前绘制出一张结构化表达模板图，那将会在很大程度上帮助我们提高语言组织能力。

12 | 别人听不懂，当众表达有诀窍

当众表达时，最令人头疼的问题就是：我说了很多内容，但是别人听不懂。这种情况如果多次出现在当众表达的场景中，会格外致命。

造成别人听不懂我们的讲话的主要原因是，我们讲了自己很了解的内容，但是未考虑到对方是否了解，所以没有进行必要的解释说明，所以在当众表达时，观众会“听不懂”你所要传达的意思。

所以，在当众表达的时候，要想让对方听得懂，我们一定要先“预告”，给对方一个心理准备，这样后面再进行表达就会简单得多。

比如进行工作分享时你可以这么说：

“各位领导、各位同事，大家晚上好。我是后勤部的王福全，今天很高兴在这里跟大家分享一下我的工作感受。工作这么多年了，我谈不上有多么大的本事，但多多少少有几条人生经验，今天就跟大家分享一条，那就是：努力的人到哪里都有希望。

“我的工作经历一共可以分为 3 段：第一段打工，第二段创业，第三段做媒体。

“先来说说第一段经历吧。我想，打工人是现代社会中很多人对自己的称呼，而在我的概念中，打工人就是辛苦的搬砖人。我刚来到广州的时候搬过砖、扛过大包、做过保洁，这一切都让我了解到赚每一分钱都是不容易的。但是我与别人不同的地方是，我比任何一个跟我一起工作的人都多努力一分，别人搬 10 块砖，我搬 11 块；别人扛 2 个包，我扛 3 个；别人扫地 1 小时就休息一下，我干 2 个小时才去坐一下。就这样，领导们看到了这么努力的我，都想要提拔我。随后，我从打工人变成了高级打工人。

“但我没有做多久就去创业了，这也是我的第二段重要经历。创业路上确实不轻松，说句实在话，我也不知道自己应该做什么样的项目才会更好，于是我就跟朋友合伙开了一家餐饮公司。我们凭借着‘比别人早开 1 小时，比别人晚关 1 小时’的经营理念，在当地的餐饮行业崭露头角，也开了几家分店，但我突然间感觉到这不是我想要的，于是我就把股份卖了，开始寻找自己喜欢的事业之路。

“随后，我就来到了我们这家新媒体公司。这也是我今天要分享的第三段重要经历。新媒体是现在很流行的行业，而我自己却是一个没那么多潮流感和技术能力的人。刚开始我只凭着一腔热血来到了公司，结果被拒绝了 8 次，因为我没有经验。最后，可能是因为我的努力被老板看见了，在第九次的时候他真的就给了我一个来公司工作的机会，但是不给薪水，只能跟着同事学习。我觉得这是一次非常好的机会，那段时间我恶补了新媒体的各种信息、知识，向很多人请教，几乎每天只睡 4 个小时。终于，6 个月后，我转成了正式员工，今天我已经在公司里工作3年了，这3年里我学到了很多。我可能没有什么天赋，但是我想跟大家说，只要努力，人生走到哪里都有希望。谢谢大家。”

上面的案例，就做到了“先跟大家‘预告’再展开表达”的要点，这让观众在听取信息的时候非常有针对性，知道这段发言阐述的就是最开始的3点“预告”，不仅能够听得懂，还可以跟着讲话者的思路一步一步走下去。

13 | 万能表达方式，让所有人都喜欢你

随着经济的高速发展，人们越来越追求短、平、快的事物，就连表达这件事情，很多人也在追求一套万能的方法，希望一招制胜。但实事求是地说，这个世界上没有绝对万能的方法，因为很多表达场合都需要具体情况具体分析，所以严格意义上来讲不存在这种万能的方式。但是从相对的角度出发，我们遇到的大部分场合是比较类似的，所以应付这些普遍场合确实有一些策略。

我在《从 0 到 1 搞定即兴演讲》中就介绍了一种即兴演讲的“万能公式”：一心、一用、一收。

有些读者在看书的时候会有一些思维上的误解，认为一个方法、框架、模型只能够用于一个场景中。其实不然，这个“万能公式”可以用于除演讲之外的大部分表达场景中，让别人仅仅通过我们的日常表达就感受到我们表达的逻辑性。

表达公式：一心、一用、一收。

一心：一个中心思想。

一用：一种讲故事的用法。

一收：一种常见的收尾方式。

比如，今天在会议开始之前，领导提前告诉每一位同事："今天下午的会议比较重要，老板也要来参加，咱们老板是一个非常喜欢听员工想法的人。每个人会后都要发表一下自己的感受，1 ~ 3分钟时间就可以。"有很多人听到这样的开会"预告"之后，就根本无法冷静地听会议了，而是不断地在构思自己要说什么，甚至有一些人直接在自己的笔记本上写起了逐字稿。

其实，这种表达并没有我们想象中的那么恐怖，我们唯一要准备的就是一个表达的中心思想。可以按照“一心、一用、一收”的方法来进行表达：

“各位同事好，感谢公司给我们这次在会议上进行分享的机会，我是销售部的刘钢。对于这次会议，我的感受是：时刻保持初心。没错，也就是我们这次会议的主题。

“这个主题给我的触动很大，看到这个主题，再加上听了这次会议中领导们的分享，我回忆起我刚来公司的时候。那时王总曾单独找我谈过一次话，当时我还觉得有点儿惊讶，为什么一个老总会主动找一位新员工谈话呢，后来我才知道这是公司的一个不成文的规定，老板要找每一位新员工至少谈一次话。

“当时，王总问了我一个问题，我到今天还记得。

“他问我为什么要加入这个行业。我说我想让更多人接触到我们这个行业最好的产品。他又问为什么要用最好的？一般的产品不也能用吗。

“我说，很多人不知道，用了一般甚至品质差的产品会对人体产生多大的伤害。我有个理想，希望每个人都能用上好产品。

“王总让我不要忘记今天说的话，即使不在这个行业里了，也不要忘记最初的想法。当时我刚来到公司，听王总跟我聊的这段话还没有太多的感触，直到今天我才恍然大悟，王总自己也是这样坚持初心的人。只要能够葆有初心，就一定会做得越来越好。最后，我希望大家都能够不忘初心，持续前行。”

刘钢整体的表达内容很通俗易懂，单单只按照一个时刻保持初心的中心思想，一个曾经跟王总谈话的故事，一个表达希望的收尾方式，就很好地表达了自己的感受。所以，在日常生活中，大部分的表达都可以按照这个公式来进行，这也就是大家所期待的万能公式。持续在大部分的场合中使用这个公式来进行表达，也会让更多人喜欢我们有重点、有逻辑、通俗易懂的表达方式。

14 ｜牢记三个原则，随时随地保持逻辑清晰

一个人要想塑造或保持影响力，表达能力很重要，你需要做到随时随地都能进行逻辑清晰的表达。这不是一件容易的事，但也并非完全做不到。只需要牢记这 3 个原则，遵循这 3 个原则来进行表达，逻辑就不是问题了。

1. 观点明确

在表达的过程中，要有非常明确的观点或者中心思想，并且全程都要围绕这个观点或中心思想进行展开。时时刻刻想着自己的观点，这样就不会在表达的时候跑题。

2. 细节清晰

表达的时候除了要围绕观点进行表达，同时还要证明自己的观

点是正确的。只需要运用最有效的表达方法——数字。有数字的表达会给别人更加具体的感觉。比如，有人在做自我介绍时这样表达“我有多年的从业经验”，这跟“我有 8 年的从业经验”相比，哪一个会更好一些？当然是有具体数字的表述会更好。

当然，有的时候光有数字并不够，还需要有一些对比。比如“我在销售行业有 3 年的经验”。3 年的工作经验是长还是短？这个很难说，有些人觉得长，有些人觉得短，有些人觉得一般。我们在表达的时候，自然是希望让别人认为“3”这个数字是多的，那就需要有一些对比。可以尝试这样表达：“我在销售行业有 3 年的从业经验。3 年前跟我一起加入这个行业的 30 位小伙伴，至今还在从事这个行业的只有我 1 个人。”这个对比主要体现了 3 年这个时间在销售行业已经算很久了，因为这个行业优胜劣汰，能坚持至今就很好了。

所以，表达时要注重用数字进行清晰、具体的表达。

3. 优势加强

在表达的时候虽然要有具体的数字，同时还需要有取舍，取最重要的环节，舍不重要的环节。有些人在表达的时候，话语非常冗长，事无巨细地全讲一遍，大家都不爱听。如果只选一个最重要的情节，我们会选择什么？只把最重要的部分拿出来就好了。

结合这 3 个原则，我来用表达中最常见的自我介绍来举个例子：

“大家好，我叫于木鱼，是这本书的作者，也是一名资深演讲教练。到目前为止，我在口才、演讲、沟通行业已从业 10 年了。线上线下帮助超过 12 万人摆脱了当众表达、当众演讲以及沟通中的问题。其中，我印象最深刻的一位学员是一名零基础的演讲‘小白’，经过两个小时的一对一辅导，他成功站上了公司的演讲比赛舞台，并且获得了冠军。如果你想提高演讲表达能力，欢迎与我联系。”

这段表达中我想突出的最大观点和核心就是：资深演讲教练，用具体的“10 年、12 万人”来进行细节描述，最后用一个成功案例来凸显自己的优势。

总之，遵循三大原则说话，会使我们的表达随时随地保持清晰的逻辑。

15 ｜说话有条理，在职场中更受欢迎

在职场中，我们总会羡慕表达能力好的人，觉得他们好像是天生的“万人迷”，只要一开口说话，领导和同事都喜欢听。而我们要么害怕说话，要么说话缺乏逻辑，没条理。事实证明，一个人说话有条理，在职场中确实更受欢迎。例如：

在工作场合中，无论是正式会议中的工作汇报，还是电梯间、走廊间临时向领导做的口头工作汇报，说话有条理、有逻辑的人都能够快速传达自己想要表达的意思，让对方能够快速接收到信息。

特别是口头汇报，最能够体现一个人的逻辑思维能力。比如，在走廊或者电梯间遇到领导时，当领导问道“工作怎么样”时，我们要能够快速用简短的话语汇报清楚。

“领导，这个月整体的营业额我是超额完成的，目前大概完成了总营业额的 10%，具体的数字我需要去查一下，如果您着急的话，我一会儿查到数据后发送给您。同时，上周正在沟通的几个合作项目也有明显的进展，我们这边一直在跟进，有突破性进展时我会第一时间汇报给您。”这种条理清晰、简短有效的口头汇报方式，不但

不占用领导的时间，还可以在短时间内回答领导的问题。

在正式会议当中更是如此，条理性和逻辑性好的表达，会让会议变得十分高效，并且传递信息的速度也会更快。会议中不必一上来就长篇大论，可以提前先告诉大家你今天要讲哪几个方面的内容，让参加会议的人在听的时候更有方向。比如："今天开会主要给大家分享 3 个方面的内容，第一个方面是战略层面，第二个方面是落实层面，第三个方面是具体细节沟通。"

职场是一个追求利益和效益的地方，有条理地进行表达可以提高效率，快速传递事实、问题、方案，节省彼此的时间，是最好的能力输出方式，所以也会更受领导的欢迎。

16 ｜逻辑思维清晰，更快完成工作目标

有清晰的逻辑思维，你才能更好地进行表达，让别人能快速有效地明白你所要表达的意思。只有这样，你所推进的工作才能向你所期望的方向前进，你才能早日完成工作目标。当你和同事沟通工作、相互配合的时候，如果你的表达有逻辑，对方就能精准地给出相应的支持；当你和领导沟通工作进度的时候，如果你的表达有逻辑，对方就能快速明白你的工作进展，从而合理安排接下来的工作任务；当你和客户沟通合作事宜的时候，如果你的表达有逻辑，对方更愿意接受你的方案。

逻辑思维清晰还体现在会讲一个好故事上，将故事作为观点的支撑论点，更容易让别人接受你的观点。

在“二战”期间，各个国家都在想尽办法遏制德国的势力，都努力想在德国之前研究出原子弹。爱因斯坦等人委托罗斯福的私人顾问去劝说罗斯福，但劝说了很多次，都没有成功。

有一天，顾问准备再跟罗斯福谈一次，不料，罗斯福看到他就说：“今天不许说爱因斯坦的事，一句都不可以。”

私人顾问说："好的，那我给您讲个关于拿破仑的历史故事吧。当年拿破仑横扫欧洲，唯独在英国人那里吃了败仗，您知道这其中的原因吗？"

私人顾问接着说："英法大战的时候，海上是英国人的天下，拿破仑在海上屡战屡败，屡败屡战。当时，拿破仑军中有一个小士兵建议拿破仑改造船体，使用蒸汽机，将木板换成钢板。但因为拿破仑不懂，所以并没有同意。后来，有历史学家研究发现，正是因为拿破仑没有采纳这条有效意见，所以最后法国被打败，英国幸免于难。"

说到这里，私人顾问看向罗斯福，发现罗斯福的表情已经产生了变化，于是马上跟上一句："先生，如果听取了小士兵的建议，历史可能就被改写了。"

罗斯福说："你赢了，我不会做第二个拿破仑。我同意爱因斯坦的请求。"

说服罗斯福总统同意研究原子弹这件事情非常难，但是正因为运用了有效案例的形式，才让事情顺利地发展下去。对于职场中的我们来说也是一样的，逻辑性的表达并非单单只有框架结构，若我们能有逻辑性地讲一个故事，这既可以让别人更容易理解我们的观点，也能让他们更容易接受我们的观点。讲故事的前提是讲围绕观点的故事，这非常考验一个人的逻辑性。

在职场表达中，我们一定要关注目标，说话是为了目标服务的。所以围绕目标，有逻辑、有重点、有条理地使用有效案例进行表达，更容易达成工作目标。

17 | 目标导向型表达，让你快速晋升

竞聘和升职竞选在职场当中出现的次数并不多，却是影响大家职业发展之路的重要转折点。而很多职场人也对于竞选、竞聘这两件事情十分头疼。这两个场合不单单是考察能力的时刻，因为能力合格的人不止一个，此时一场可以让你脱颖而出的表达显得尤为重要。

很多优秀的职场人在晋升面试现场吃了大亏，表达能力不过关，导致自己无法升职。有些领导也非常感叹，为什么能力这么好的一个员工，却无法有条理、有逻辑地正常表达。通常，管理层必然要面对组织员工开会等各项事宜，做好这些事必不可少的就是要具备良好的表达能力。换个角度来看，与其说晋升面试看似在考察员工的工作能力，实质上是在考察员工是否具备管理者应具备的一些能力，特别是基础的表达能力。

很多人无法在竞选的时候脱颖而出，主要有以下 3 个方面的原因。

1. 完美主义作祟

因为对于很多人来说，这是职业生涯中的重要一步，所以他们格外重视，同样，因为格外重视他们也对自己的期待特别高，往往因为完美主义导致自己压力过大，而无法发挥出正常的水平。

2. 没有做调查

第二个我认为比较重要的原因是，他们没有提前做一些调查。有人会问："面试的时候需要做什么调查啊？"所谓"知彼知己，百战不殆"，面试前，我们当然要知道面试官是谁了。

可以尝试去询问有经验的同事、前辈，之前的面试官是谁。如果提前知道是谁，也就可以大概了解这个领导的关注点，再进一步去调查每位领导对面试者最关心的是什么，就可以做到心里有数，至少在回答领导提出的问题时，会有一个心理预判，这样会更加安心一些。

3. 缺少面试的正确方法

也有很多人完成了前两点，但是在晋升面试当天仍然发挥失常。这主要是因为他们的语言组织得不够好，缺少具备逻辑性的面试表达方法。

怎样能够在职场晋升中脱颖而出呢？解决上述 3 个问题后再利用下面 3 个方法，就会有很好的提升。

1. 拥有好心态

实际上，没必要给自己这么大的压力，平常心对待，做到先完成再追求完美，也是不错的选择。

2. 尽可能做好调查

比如，如果是公司的内部晋升，可以向同事打听一下，每一个领导更加关注什么方面，有针对性地微调自己的讲话内容或者汇报方向。

3. 掌握面试技巧的正确打开方式

在这里，给大家推荐一个职场晋升面试的技巧：基本信息 + 岗位理解 + 个人优势 + 规划。

基本信息：问好、自我介绍、来自哪个部门、竞选哪个职位。

岗位理解：对即将升职的岗位的理解。

个人优势：对自己个人优势的总结，最好总结 3 点，与岗位理解的部分相呼应。

规划：晋升成功之后的职业规划。

这 4 个方面缺一不可，可以根据具体情况调整各个部分的时间比例。

下面是一名学员学习了这个面试公式后，顺利从一名市场人员晋升为市场主管的竞选词。

各位领导、各位同事大家好！

我是公司市场部的项目专员张太远，我今天竞选的岗位是市场部主管。

我认为要成为一名优秀的市场部主管，需要具备以下 3 点素质。

1. 有很强的市场洞察力

因为市场是变幻莫测的，昨天的方法在今天就不一定适用了，所以市场部主管一定要有敏锐的嗅觉，快速洞察市场变化。

2. 有好的推广理念

市场部的主要职责就是想尽一切可能的方法来推广我们的品牌，所以好的推广理念必不可少。

3. 优质的资源链条

要能够获取更多的资源为品牌的市场推广加持，达到多维度营销的作用。

我认为我具备以上 3 点素质。

1. 我具备很强的市场洞察力

我来公司已经有两年的时间了，在这两年的时间里，我组织了

125 场市场活动，并且通过线上线下结合的方式来进行。我想各位领导应该对去年那一场视频演讲活动印象深刻，当时我观察到现代人都很喜欢这种知识的碰撞，特别是我们公司的客户，于是我就组织了这样的一场活动。当天成功让 500 人认识了我们公司的企业文化，并且每一个人都加了我们的企业微信，后面转化公司产品达到了 60% 的转化率，是目前此类活动成绩最好的一次。

2. 我有很好的推广理念

我的推广理念我想大家也一定有目共睹。2020 年我自发给公司全体员工分享市场理念 5 次，我自己每年阅读市场类书籍 20 本，还写了厚厚的笔记，并且通过实践结合我们公司的文化，目前我们有 8 条推广线，比之前增加了 50%。

3. 我能建立优质的资源链条

我自己跟百度、搜狗、腾讯等互联网企业都有接触，之前也将百度的推广推荐给公司，在百度网站上传了我们公司的广告，曝光度达到了 1 亿人次，也有更多的用户说是通过百度看到我们的。之后我也会继续把我们公司推荐给其他平台。

如果我能成功竞选市场主管，我将用以下 3 个方式，提升我们公司的品牌影响力。

1. 多维度合作

实际上我认为我们的用户无处不在，以前我们更多地专注自己的行业内部，但之后我们可以通过置换资源等方式强强联手，让更多行业有我们的影子，也让客户通过多维度的渠道找到我们。

2. 引进人才机制

我认为这个时代人才是最宝贵的财富，有一个能打仗的团队比什么都重要，我会搭建公司的市场团队，让这个团队能打硬仗。

3. 推动业务链条发展

销售一线的伙伴们需要市场的加持帮助，我会在升职前三个月走访我们公司 30 多家分店，实际考察一线的需求和困难，真正做到能够帮助到他们。

希望各位领导能够给我一次进一步为公司做贡献的机会，谢谢大家。

这位学员按照这样的方式进行面试后，顺利通过了面试。逻辑清晰的表达方式是职场晋升必不可少的助推器。

18 ｜向下沟通有方法，管理员工更轻松

在职场中，有很多管理者都会面临一种现象，一听说要开会，员工就不太愿意，抱怨开会浪费时间，没有什么用。造成这个现象的主要原因是，有些管理者想要表达的内容太多了，于是不知道在有限的时间内，如何有逻辑、有框架地输出自己想要表达的内容。

如果你也有类似的情况，那么建议你在开会之前，先用纸和笔按照下面介绍的公式，梳理一下自己的表达思路，这样对你整体的表达更有利。

公式：总体 + 分点 + 总结 + 计划

总体：本次会议总体的目标是什么，确定一个大目标更有助于清晰表达。

分点：可以分成 3 个方面、3 个环节、3 个点、3 个标题进行展开说明。

总结：每一个大的方面说完后进行总结。

计划：布置之后的计划。

如果今天让大家组织员工开一场“新项目部署会”，运用上面的

方法，你会如何梳理会议流程？可以尝试这样梳理。

总体：

本次会议的主要目标：让每一位项目成员明确项目内容以及部署实施。

分点：

3个方面：

第一方面，项目背景。

第二方面，项目目标。

第三方面，项目具体实施分配。

在每一个方面中还可以细分，梳理思路。

总结：

每讲完一个方面进行总结，最后进行一个全面总结。

计划：

（1）完成时间周期

（2）各个环节的负责人

（3）项目实施地点

（4）项目进程汇报期

（5）项目困难点预判

……

先梳理开会内容，再组织会议，这样员工就能清晰了解整个会议的内容，并结合自己的工作情况做出改进或调整。只有领导表达清晰、有条理，员工才更愿意听领导说，并有获得感。

Part3

有应对：轻松应对任何提问

19 | 面对突然提问，三个套路帮你清晰表达

我们在职场当中，总会遇到突如其来的提问，比如领导在走廊上或者在电梯间里，甚至在厕所里遇到了我们，可能随口问一句："工作怎么样啊？忙不忙？"这看似是一句不经意的寒暄，实则不然，这句话从领导的嘴里说出来，往往是要开启一场隐形的工作汇报。这种工作汇报虽然只需要简单的口头表达，但是如果回答不好，也会给自己的职业发展带来影响。

柳飞是公司的财务人员，工作认真，但就是不太善于表达。有一次，柳飞突然发现了一件事情，这个月开工资的时候，竟然每一个部门都涨了工资，只有财务部没有涨工资，而财务部是给大家发工资的。柳飞特别不理解，他去问老板："老板，我想冒昧地问一下，为什么所有部门都涨了工资，唯独我们财务部没有涨呢？"

老板："我觉得没有必要啊，你们又不忙。"

柳飞："啊？我们也很忙啊。"

老板："不是吧，我每次问你忙不忙，你都告诉我不忙。而我每

次路过销售部，他们就把我拉住说：‘老板，你可能不知道，不到 10 天我们就完成了半个月的业绩，大家太辛苦了，老板支持支持，让大家一起去团建一下吧，说不定大家回来后更有动力了啊。’然后我就每次要给他们团建的费用，后来想想干脆直接涨工资算了。其他几个部门也都经常给我汇报一些进度。”

柳飞这才恍然大悟，原来老板不经意间的询问，竟然是希望获得员工工作中的进展和汇报。这次，他终于明白为什么其他部门特别是销售部涨工资了。

那么问题来了，如果我们知道了领导这样的聊天就是为了让我们汇报工作，那我们应该如何应对？下面这 3 个方法，帮你随处都可以回应领导。

1. 满足领导的掌控权

领导就是需要掌控权，经常主动反馈，满足领导的掌控权，领导见到我们的时候自然也就不会过多追问或者有其他的想法了，因为一切都在他的掌控之中。

2. 口头工作汇报也是告知性表达

有些职场人，见到领导就会非常紧张，更别说口头汇报工作了。

对此，我们要调整心态，需要明白我们与领导的交流只是告知性的表达，换句话说，也就是把我们做的事情告诉领导就好了，就跟告诉同事是一样的。我们要不断这样暗示自己，这样见到领导后心就不会慌了。

3. 工作汇报流程很重要

工作汇报的基本流程简单来说就是先报喜再报忧，把好事放在前面先说，之后再提要求就更容易被人接受。比如柳飞的例子中，销售部的人就用了这个方法。先说 10 天完成的业绩已经超过了 50%，再说想要团建，老板就顺理成章地答应了。

所以，面对突然的工作提问我们也不要慌，给予对方想要的，平复心态，把握流程就会有好的表达呈现出来。

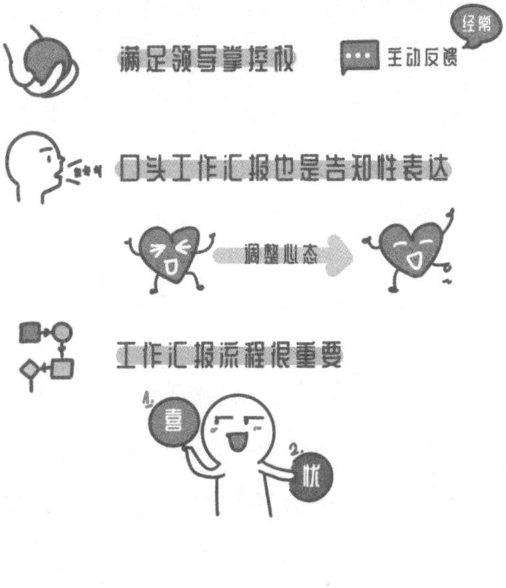
满足领导掌控权
主动反馈
经常
口头工作汇报也是告知性表达
调整心态
工作汇报流程很重要
喜
忧

20 | 遇到陌生话题，一招帮你轻松应对

遇到陌生话题不知道怎么回答，往往会让我们显得很尴尬，特别是在面对一些特定的比较重要的场合时。比如跟客户见面时，客户聊起了一个陌生领域的话题；比如面试时，面试官提出了我们事先没有准备的问题。这些让人没有头绪的提问，看起来“防不胜防”。其实，这样的场景并不可怕，化被动为主动，便可解决。

《奇葩说》的主持人马东曾经在一场招聘销售人员的面试中这样提问面试者：“请问西红柿炒鸡蛋怎么做？”

有一些面试者不会做饭，听到这个问题时便不知所措，只能磕磕巴巴地讲了一通，这样的人马东当然不会录用。还有些人会做饭，把西红柿炒鸡蛋的全流程说了一遍，表达很清晰，这样的人马东给了 60 分，也没有录用。还有一些人说做任何一道菜重点都在于火候，把油烧到恰到好处再放菜，这样味道会更好，这样的人马东给了 80 分，但也没有录用。

最后，马东录用了一个很年轻的小伙子，他的回答是：“马老师，我想您这个问题一定不是在考我的厨艺，如果真的是这样，我可不

行，我确实不会做菜，但是我会调酒……”随后小伙子把调酒这件事从头到尾讲了一遍。

马东身边的HR总监问马东：“为什么要选这个小伙子？我不知道您选他的理由。”

马东说：“你想想，我们招聘的是销售人员，销售人员在面对客户的时候，有没有可能遇到自己完全不知道的问题？一定有。但遇到了自己完全不知道的问题怎么办？只有这个小伙子做到了化被动为主动，把自己完全不擅长的事情转换到自己很擅长的事情上，我觉得这样的人反应能力很强，所以我要选他。”

没错，在我们的工作和生活当中，我们总会遇到完全陌生的话题，毕竟每个人都有知识盲区。只有化被动于主动，将不擅长的事情略过，转到自己擅长的事情上，这样才能更好地发挥。

21 ｜不想回答别人的提问，教你一招回避追问

在生活中，我们总会遇到一些我们不想回答，但是别人一直追问的问题，比如感情问题或者工资问题等。其实，我们也知道对方可能并非出于恶意，只是好奇心作祟而已，但我们又不想回答。不想回答的问题那就不回答，只需转移话题就好。

转移话题有以下 3 点好处：

1. 让对方快速明白

让对方快速知道“我不想回答”，避免话题勉强继续下去，产生尴尬。

如果别人想问婚姻情况，你可以尝试这样说：“哎，刚才你说公司里面的人事关系有点复杂是怎么回事？”立即切换到之前沟通过的话题上，既能够成功躲避问题又显得不突兀。

2. 快速转移对方注意力

被问到不想回答的问题，本来所有人的注意力都在这个问题上，但转移话题后，可以快速将对方的注意力切换到下一件事情上。

如果遇到不想回答的问题，就可以直接切换下一个话题："对了，上次王总说，让我们部门下一步跟一些中小型机构合作，你怎么看待这个问题？"

3. 为自己快速解围

转移话题最大的好处就是为自己解围，而且是巧妙解围，不必跟别人发生不愉快的事情，也不必特别在意别人追问的话题，只需要用轻描淡写的态度略过就好了。

龙芬和艾欣是同一个办公室的同事，两人平时的关系还不错，但龙芬有一个不好的习惯，就是喜欢打探别人的工资。有一天龙芬向艾欣打听工资。

龙芬："小艾，我问你呀，你工资一个月多少啊？"

艾欣："你多少啊？"

龙芬："你告诉我，我就告诉你呀。"

艾欣："那好啊。哎，我突然想起一件事，你知道前几天销售部王海的事吗？"

龙芬："啊？啥事？"

艾欣："哈哈，这你不知道了吧。你不是公司的'百事通'吗？"

龙芬："我……怎么能不知道呢？就王海那件事啊。他……"

艾欣用转移话题的方式成功回避了自己不想回答的工资问题，所以，不想回答的问题就不回答，转移话题就可以搞定。

22 ｜领导提问，抓住关键句就可以应对自如

在职场当中最可怕的情况，莫过于在没什么准备的情况下，突然被领导提问，如果是完全已知的专业内容或许还可以做到对答如流，但若遇到不清楚，或者不好回答的问题，我们又该怎么回应呢？

首先，先跟大家分享一条心法：跟领导对话，就是相互交流、信息同步的过程。很多情况下，我们把领导看得太权威，以致说话小心翼翼。但实际上，领导只是需要一些真实的信息，来推动战略工作，所以，我们只要如实告知就可以了。

当然，最令人头疼的就是，领导会让我们分享一些自己的感受，这该怎么办？该说什么样的感受才是对的，才是领导想听的？在这里，我教给大家一个技法，那就是，领导说过的话就是领导最想听的。当我们被要求谈感受、谈感想的时候，直接引用老板说过的话，可以轻松应对。

如果领导让我们分享一下会议感受，你就可以尝试这样说：

“今天听了我们的会议，我感受最深刻的就是王总提到的一句

话：‘一个人能够面对多少人说话，他的成就就有多大。’这说明当众表达这件事情是每一个人都需要具备的职场能力。当众表达这件事情不可避免，随时随地都可能出现，比如我现在就是。所以，我建议从现在开始，在公司内组织一些活动，比如读书分享沙龙，促使大家锻炼当众表达的能力。必要的时候，还可以请一些演讲资深人士来给我们上课。以上是我的想法，谢谢大家。”

抓住领导所讲的话中的“关键话语”，就可以很好地应对领导提出的问题，并且也不会出错，还可以让领导产生一种自己影响到了员工的成就感。

23 | 领导说话态度差，缓解情绪只需一句话

经常会有一些职场人说："老板好像不喜欢我。""老板说话态度好差。""老板怎么那么强势？" 在职场上，我们会有这样的感觉并不奇怪，也并不陌生，主要是因为职场节奏太快，上级追求结果与目标，而有些下级追求过程和感受，造成了两者对立的关系。但仔细想想，其实老板的态度差，并不一定是针对你，实际上，他是针对所有人。

张玉的领导总是非常严肃，开会的时候面无表情，一副盛气凌人的样子。所以张玉开会的时候都很紧张，本来准备好的讲话内容都发挥得不好。后来，张玉发现公司的王磊在开会的时候从来不紧张，总是侃侃而谈，讲得也非常好，但老板的表情也没有什么特别的变化。

这时，张玉才意识到，原来老板不是在针对自己，而是在针对所有人，对所有的人都是同一种态度。张玉这才慢慢放松下来，原来老板的"铁面无私"不是因为员工表现的好坏，主要是因为老板

自己想用严肃的状态引起员工的注意和重视。所以，他才总是摆出一张很严肃的脸。

这种情况很常见，我在线下授课 10 余年的时间里，遇到了很多跟我反映类似问题的同学，他们往往太过于在乎对方的看法。实际上，老板这样的表现不一定就是对谁有看法，而是“他就是那个样子”。所以，我会告诉他们：请把老板当人看，请把老板当人看，请把老板当人看。重要的事情说三遍。老板也是一个普通人，每个人在成长过程中都会有各种不同的经历，有些人调节得非常好，很会与人相处，有些人却认为“严肃是我的保护色”，他觉得只要自己严肃地对待别人，别人就可以重视自己。当他给了自己一种这样的信念，他就会在工作场合中处处表现出严肃的态度。

总之，在与领导对话时，不论领导的表情如何，说话语气如何，我们只要记住一句话：老板也是一个普通人，不是神。在内心无时无刻不告诉自己这句话，就可以帮助大家解决很多令人紧张的问题。

24 ｜领导说话猜不透，运用反问听懂“内涵”

在一些公司里，很多员工都不知道领导所说的话的真正含义是什么，好像每一句话都听懂了，但是总做不对。有这种现象的主要原因是：我们没有听出领导背后的意思。中华文化博大精深，人和人又并非一模一样，有些人认为这句话不能这么说，否则会有不好的影响，于是说一堆话来修饰真正想要表达的意思。当领导这样做时，是否能听懂他背后的意思就很关键了，往往听得懂的人才会被重用。

一家培训公司开内部会议，议题是是否要开发新的产品线。

一个同事问：“可否与已离职的同事甲合作，他之前曾负责过相关产品，公司为此也花费了不少精力。”

老板说：“也并非不可以，但是甲这个人的自我驱动力不够强。”

会议结束后，提建议的同事问其他同事，老板这句话的意思到底是可以用还是不可以用甲呢？

其实老板已经明确表示了甲这个人不行，但是这一句话还是需要仔细琢磨的。如果在职场上遇到这种问题怎么办呢？可以运用“反问 + 察言观色”，来确定领导的意思。

假设还是同一个问题：

员工：“在这个项目上可否跟之前离职的同事甲合作？主要原因是甲的产品在公司是已有产品，而且之前公司花了一些精力在做。”

老板：“也并非不可以用，但是甲这个人的自我驱动力不够强。”

员工：“那您觉得公司的同事乙怎么样呀？他跟甲相比能力上稍微差了点，但是前期够用，是在职员工。”

老板：“嗯，可以观察观察。”

通过反问老板，我们已经非常清晰了老板的想法，在职员工能力强不强另说，但是离职的同事甲不能用，“自我驱动力不强”只是一个借口，主要原因是甲多次跳槽的这种行为，让他无法胜任公司的核心业务。

在职场中这样的现象实在是太多了，如果无法确定，就先用反问的方式再次确定领导的想法，甚至需要多次反问才能最终确定。

25 | 面试官抛出一个没有准备的问题，怎样回答才不尴尬？

如何在面试中运用自己的表达能力脱颖而出，一直是一些职场人非常困扰的问题。就像我跟很多人说的那样，在我们的人生中总有一些场合不常遇到，但是一旦遇到，会对我们的职业生涯乃至人生产生非常重要的影响，比如面试。

很多人在面试的时候都会遇到类似的情况，面试官抛出来一个问题，我们却不知道该怎么回答。

王青应聘时，通过了第一轮的无领导小组讨论的面试，进入第二轮面试，由两个面试者同时面对一个面试官。面试过程中，面试官提出一个问题："请问二位，在上一轮的群面中，你们觉得你们两个人谁表现得更好，谁表现得更差？"王青作为第一个回答的人，当场就蒙了，吞吞吐吐地说："啊，我觉得……我觉得我们表现得都不错。"

我们遇到这样的面试提问时也会很茫然，这样的问题应该如何回答呢？实际上，面试官并不是在难为面试者，而是在考察面试者的情商。因为在职场中我们一定会遇到人际关系问题，面试官是想看在处理人际关系问题的时候，面试者会是怎样的反应。

那这样的问题应该如何回答？原则上当然是谁也不得罪，同时，还要凸显自己的优势。可以尝试这样说：

“面试官您好。刚才我们两个人在群面中的表现我觉得各有千秋，他的优势在于勇敢，因为他是第一个发言打破僵局的人，而我的优势在于逻辑性和表达能力，我梳理了所有人所讲的内容，最终作为总结者进行了总结。所以，我们两个在各自擅长的部分都表现得很好。”

这样的回答只讲具体的部分，并且不得罪他人，就会有很好的效果。

26 ｜面试官问为什么从上家公司离职，怎样完美回答?

为什么从上一家公司离职，是面试中一个比较常见的问题。其实，在面试中，面试官问的每一个问题都不是随便问问的，每一个问题的背后都有他们想要获取的信息。关于“为什么要从上一家公司离职”这个问题，面试官主要想考察的是面试者的人际关系及其职业预期。

实际上，我们来分析离职这件事情。职场人离职无非是以下几个原因：对薪酬不满意、对公司发展不满意、人际关系相处不好、个人身体或者家庭原因。而面试官在这 4 个原因中最在乎的就是人际关系问题，因为人际关系是大部分职场环境中很重要的一部分。所以，面试者在面试时，应该尽量避免谈论人际关系问题，因为一旦提到自己是因为人际关系不好而离开了上一家公司，那你被录用的可能性就会非常低了。建议大家这样说会比较好：

“我从上一家公司离职的主要原因是发展问题，薪酬待遇其实是在逐年增长的，跟同事之间相处得也很融洽，唯独存在发展问题。

因为我想挑战全国市场，而前公司只希望发展本地市场。这一点，对我个人而言非常遗憾。同时，我也非常感谢老东家，因为在上一家公司我学会了很多，不仅收获了信任，还收获了很多经验。所以，看到贵公司是全国性的企业时，我愿意来挑战一下，发展对我目前而言是很重要的一件事情。”

这样的回答的好处体现在感恩上。千万不要离开上一家公司后，便在背后对上一家公司颇有微词。所有的企业都会担心，员工是否会在离职之后对公司多有抱怨，正在面试你的新公司也是如此。

27 ｜面试官问是否已婚，怎样机智应对？

在面试的时候，我们也会遇到一些看似比较私人的问题，比如：是不是有男朋友 / 女朋友，是否已婚，家里有几个人等。这些问题比较隐私，面试官问起时，有的人会觉得不太受尊重。面试官其实不是关心你的私生活，而是想通过这个问题，了解面试者是否能够在公司长期工作下去。

用人单位培养一个人需要花费很多成本，不仅仅是工资，还有人力成本、精力成本、试错成本等。如果一名员工培训过后没有多久就离职了，这对公司来说是一种人力成本的损失。所以人力资源部在招聘的时候，要再三确认面试者是否会因为各种各样的原因离职，特别是因为家人的关系离职。

作为面试者而言，我们听到这类问题之后也不必不高兴，或者觉得面试官不尊重自己，只需要在知道面试官提问的意图后，有针对性地回答就好。如果面试官问你关于婚姻状况的问题，你可以尝试这样回答：

“我想您一定不是想了解我的私生活，您是想问我是否能够在贵公司长期工作。我目前的感情状况稳定，两个人都在本地工作，所以不会因为家庭和感情因素而影响到正常的工作。”

不论是否已婚，当面试官提起的时候，我们只要想成功入职这家公司，就一定要表现出可以长期工作的态度，这样才会更顺利地进入下一个面试环节或者直接被录用。

Part4

有话说：拒绝沉默，合理表达

28 | 一群人突然沉默，如何化解尴尬?

在日常交往中，人们最常见的尴尬场景莫过于几个很久没见的朋友或者同学聚在一起，讲着讲着没话聊了，然后双方都玩起了自己的手机。

为什么没话聊呢？很多情况下没有话聊，是不知道该聊什么样的话题能够引起共鸣，也因为大家很久都没见了，彼此的兴趣爱好和关注点跟以前都不太一样了，彼此之间产生了一些差异，所以才会一时之间不知道聊什么。

确实，随着年龄的增长，我们的生活环境、工作环境不断变化，我们跟很久不见的朋友和同学在一起沟通的时候，本以为可以聊的话题，可能因为观点、想法的不同，不能很好地进行下去。

观点、想法不同，那就换一些话题来聊。“尬聊”人士或者话题“终结者”们最大的问题是，只聊一个话题，然后把话题聊到了尽头，就没有什么可聊的了。而会聊天的人，会通过一个话题延伸出很多话题来进行讨论、分享。推荐 3 种方式来帮助大家缓解“尬聊”的问题。

1. 多问开放式问题，让对方多说

通常情况下，导致话题终结的主要原因之一，是彼此的对话中有太多的封闭式问答。问答主要有两种方式，一种是封闭式问答，一种是开放式问答。简单来说，封闭式问答指类似于“是不是”“好不好”“对不对”“能不能”这种只需要简单回答的问题。而开放式问题是类似于“怎么看”“怎么做”“怎么想”“怎么运用”“感受是什么”这种需要一长段解释来回答的问题。

如果在跟朋友聊天的时候，我们经常采用封闭式问答，那对方的回答也会很简单。比如：

问：“最近忙吗？”

答：“忙。”

问：“你喜欢运动吗？”

答：“不喜欢。”

……

这样的对话模式，谁也聊不下去。但是开放式问题就不同。

问：“最近忙什么啊？”

答：“其实也没有忙什么啦，就是上班、带孩子、偶尔看看书、逛个街什么的。”

问：“哈哈，那都看什么书啊？”

答：“其实也没啥啦，最近觉得自己的表达能力需要提高一下，就看了一套叫作《效率手册》的书，内容写得还可以，里面讲到的方法很实用。”

从这两个简单的对比中我们不难看出，提出开放式问题时对方的回答内容，远远超过封闭式问题的回答。其实要想缓解尴尬的气氛，很重要的一点就是让对方多说，然后从对方的话里找话，而并不是自己苦恼地想怎么去开启一个新的话题。

例如，上面的那段开放式问答的对话中，对方提及了“其实，也没忙什么啦，就是上班、带孩子、偶尔看看书、逛个街什么的”。这一句话中就包含很多信息，这些信息每一个都可以是下一个话题。比如：最近上班都在忙什么？小孩最近怎样了？看的什么书？一般去哪里逛街？等等，都可以开启下一个话题。用开放式问答引导回答的同时，又从对方口中找到了可以开启的下一个话题，并且也基本能够确保对方是对这个话题感兴趣的，毕竟没有人会对自己说出来的话不感兴趣。

2. 聊聊当下热点话题

当下大家都关注的热点话题也可以聊一聊，比如，近年来大家都关注的疫情、人工智能等话题。再比如特定的节日、特定时期的大新闻等，或者一些娱乐综艺节目。聊聊这些大家可能都关注、有兴趣的话题，就不会产生太多的“尬聊”了。

3. 聊聊对方的变化

也可以直接从对方入手，赞美一下对方最近的气色、穿衣打扮，以及在对方朋友圈看到的一些信息等，从这个部分切入话题，会更容易引起双方的共鸣。毕竟对方朋友圈发什么，肯定就希望别人也关注什么。

29 | 第一次和客户见面，如何保持愉快氛围？

通常情况下，人与人的第一印象在 7 秒钟内就已经形成了。所以很多人往往很在乎在与他人的第一次见面和相处中，自己是否能够给对方留下一个好印象。尤其是第一次见客户时，我们都想给彼此留下一个好印象，保持一个愉快的沟通氛围。

那么我们该如何保持与客户见面的愉快氛围呢？我建议从 3 个方面入手：

1. 细心准备

如果在见客户之前没有提前了解对方的情况，那就太遗憾了。因为在什么都不了解的情况下，别说找到话题了，你连如何好好招待对方都做不到。那要怎么了解对方呢？如果对方是知名人士，网络上一定可以查到他的相关信息。如果对方不是名人，那也一定有认识他的人，找到一个中间人，就可以提前了解一些对方的基本情况。

比如，之前我去一位刚认识不久的朋友家做客，一个小细节让我对他的印象特别好。当时我们点的外卖，他指着其中一道菜跟我说："这应该是你喜欢吃的，而且我特意没有让厨师放香菜。前几天我问了一下小刘，关于你的饮食偏好和忌口。"我一听很惊喜，因为我不吃香菜这件事，很多人都不知道。而他细心地了解了这个消息，这让我对他很有好感，后期我们在工作上也有了进一步的合作。

所以，在开口说话前，先细心搜集一些能够找得到的资料，这样才能促进良好的沟通氛围。

2. 用心布置

还有些人在接待客户之前，会提前到接待地点细心布置，甚至有些人会提前到接待地点，先测试一下椅子坐着是否舒服，一些物品的摆放和准备是否到位，如果不行会立马换掉。保持良好的沟通氛围的前提，是先营造一个能够给人带来好心情的环境。

3. 走心沟通

做足准备之后，就要开始面对面沟通了。进行面对面沟通时，如果对方看到了我们做这么精心的准备，也会因为我们的用心而多出几分好感。那沟通时怎样保持愉悦的氛围呢？这就要求我们在说话的时候要关注对方，具体包含以下几个方面：

（1）留意对方的讲话内容，找到对方关心的点

上一节中我们有提到，要用开放式的提问引导对方多说。这个技巧的主要目的，是从对方说话的内容中找到下一个关联的话题，以及找到对方所关心的点，留心记下重要的内容，之后很可能会派上大用场。

之前有一个销售做得特别好的朋友，给我讲过一个这样的故事：

“我想我自己能够这么快地把销售做好，其实也并没有什么秘诀，而是我更留意对方说的话。之前有一个客户在跟我聊天时不经意提及了这样的一段话：‘两天前我太太过生日的时候，我送给了她一条项链，她特别喜欢……’我和客户不经意间的闲聊让我得知了一个信息，他太太两天前过生日，随后我马上查了日历，把这一天记录了下来，之后第二年的这一天，我发了一条微信给这位客户：‘王总，您好。记得您去年说过今天是您太太的生日，我在这里代表我们公司祝您太太生日快乐，并给您太太准备了一份小礼物，已经寄送出去了，请您留意查收。’可能就是这一条微信，让这位客户很受感动，之后我们的合作更密切了，他也成了我目前为止最大的客户。”

（2）察觉对方在交流中的情绪

在沟通中还要留意对方在交流中的情绪变化，当对方的情绪有一点不好的时候，这个话题就不要再进行下去了，赶紧转移话题，让良好的氛围保持下去。

（3）表达自己观点的时候，关注对方的反应

在发表自己的观点和想法时，我们也要关注对方。因为每个人的思想、经历、环境不同，所以，我们表达出来的东西并不一定能够让对方全盘接收。其实也不需要对方全部都接受，只需要在我们的想法传达出去的同时，多关注一下对方的表情和神态，这样有助于进一步开展话题。一旦感知到对方对目前的话题不感兴趣或者表情中体现出了不理解，那就立刻转换话题，或者解释清楚。

总之，要想保持与客户沟通的良好氛围，就要做个有“心”人。

30 | 与领导一起坐车，如何不冷场？

与领导独自待在密闭空间里是很多职场人特别担心的问题。不知道说什么，又不希望冷场。有些职场人还想通过与领导一起坐车的机会展示自己，给领导留下一个好印象。

那什么样的话题可以让我们在与领导一起坐车的时间里保持不冷场呢？下面给大家介绍 3 个方法。

1. 请教领导

向前辈请教工作经验是我们在职场中常有的情况，但是有很多人忽略了领导就是最优质的同事。所以，如果跟领导在一起坐车，而且坐车的时间又不短的情况下，请教是最好的交流方式。让领导分享经验，不仅能缓解冷场，还能学习更多的经验，有助于之后的业务开展，同时会让领导感觉到我们是很好学的人。

比如，我们可以尝试这样问：

“领导，听我们的老同事说，您当年是我们业务部的传奇人物，自己一个人就完成了全组 50% 的业绩，我这里有个客户比较难搞，正好难得有这样的机会，我想请教一下您，行吗？”

“领导，虽然我来公司的时间不长，但是我很明显地感觉到您对这个行业的热爱。在当代社会中，对自己的职业怀有这样热爱的人已经不多了，我想问问您，是什么原因让您加入这个行业的呢？我想这对我一定会有所启发。”

“领导，我发现很多同事都非常欣赏您，您带的团队也非常有凝聚力，我特别想知道您是怎样做到的，因为不是每个领导都有这样的好人缘的。”

2. 聊对方感兴趣的话题

如果提前知道要与领导一起坐车或者坐飞机的话，可以提前向其他同事打听一下，领导最近对什么比较感兴趣或者比较擅长做什么，这样在路途中就可以聊对方感兴趣的话题，也会更容易拉近与对方的距离。

比如，当我们得知对方喜欢运动的时候，就可以这样说：“领导，一直听办公室的同事说您是一个健身爱好者，而且您的身材太让我们羡慕了，您是怎样保持的啊？我就很难做到！”

当我们得知领导很喜欢历史的时候，可以尝试这样说：“领导，我自己特别喜欢明朝的历史，听说您对明史非常有研究，我想趁这个时间跟您好好交流一下。”

当我们知道领导对形象管理特别在行的时候，可以尝试这样说："领导，怎样才能拥有跟您一样的气质呢？每次看您的穿衣打扮还有妆容，都太有气质了。您平时是怎样保养的呀？"

3. 谈谈自己的感受和想法

除了请教和聊对方感兴趣的话题之外，我们还可以谈谈自己看待一些事物和问题的想法和感受。比如，当下的热点很多人都会关注，我也不例外，因此我们可以跟领导交流彼此的观点和想法。再比如，在公司工作了这么久的时间，我们可以利用这个契机谈谈自己的工作感受和想法，当然是往好的方向谈。再或者，一般情况下，领导会问我们对于某事的一些看法和感受，我们也不需要过于紧张，其实领导也担心这样的场景中不说话会尴尬，所以，我们只需要正常回答就好。

总之，在坐车的时候跟领导聊天可以看作跟朋友聊天一样，大家都是为了缓和气氛、打发时间而已。

31 | 多年不见的朋友相聚，如何制造话题？

有很多人不仅在职场上面对客户、领导时不知道怎么“破冰”，开启话题，甚至在相对轻松的生活场景中，也不知道该如何打开话题，与别人拉近距离。比如，很多年不见的同学、朋友间的聚会中，大家常常不知道说些什么好，只能纷纷刷手机。

多年不见的朋友相聚，如何制造有效的话题让大家一起讨论呢？下面有 3 个制造话题的方法，可以借鉴。

1. 聊聊回忆

人与人之间有话聊和没话聊的其中一个重要影响因素就是有没有共同点，如果有共同点，我们会说：“大家很投缘。”如果没有共同点，那么制造起话题来就会比较辛苦了。多年不见的朋友之间最能够体现共同点的部分，莫过于当年的共同回忆。

彼此之所以能够成为朋友，一定是曾经有某种特别的共同经历。

王蓓与刘莉是将近 10 年没见的朋友。两人 10 年前曾在同一个培训班里学习，因为班里当时只有她们两个女生，所以那个时候两人很要好，经常一起出去吃饭，探讨学习上的事情。后来培训结束，王蓓又因为工作关系调到了外地，两人就不曾见面了，成了只是会在微信朋友圈里相互点赞的关系，鲜有交流。

有一次刘莉出差到了王蓓的城市，正好两人都有时间，于是约出来见面吃饭。本来王蓓还担心两人见面不知道聊什么，不过刘莉也算是有备而来。两人寒暄过后，刘莉立刻挑起话题："咱俩有 10 年没见了。还记得 10 年前我俩一起参加那个培训班，那些日子还是历历在目，仿佛是在昨天一样。"这一提醒也勾起了王蓓的回忆："是啊，咱俩那个时候还很年轻，心里净是玩儿，都没怎么学，天天聊八卦，还关心培训班里哪个男生帅，哈哈哈，现在想想都不好意思。"就这样，气氛又活跃了起来。

所以，跟多年不见的朋友见面，最好的话题就是共同拥有的回忆。

2. 聊聊对方擅长的事情

除了可以聊共同的回忆之外，还可以聊对方擅长的事情。因为人都对自己擅长的事情很感兴趣，而且人人都想在别人面前获得关注，聊对方擅长的话题就是很好的方法。我们可以尝试这样说：

"记得你当初特别喜欢中华传统文化，还给我们分享《道德经》《曾国藩》等书里的内容，当时我就觉得你不是一般人，二十几岁就有这样的思考，这实在是太厉害了。现在你对这些还有研究吗？”

“那个时候我们一起打乒乓球，你可是我们的种子选手。那时候我们还一起跟专业队比赛，要不是你，我们就输惨了。你现在还打球吗？”

“还记得我们刚认识的时候就是在一个汽车展览会上，那个时候我本来只是随便看看，你却热心地帮我介绍了起来。我还以为你是工作人员，没想到你只是个汽车爱好者。现在你还经常去看展会吗？”

像上面这样进行表达，聊聊对方擅长的话题，这样的话题对方很愿意分享的。

3. 聊聊未来

聊过了回忆，赞美了对方擅长的事，虽然很久不见，但当时朋友的感觉可能已慢慢找回来了，朋友之间就可以聊聊未来了。未来的样子是安逸的还是奋斗的并不重要，重要的是朋友之间交流的时候，我们可以感受到对方的思想和观点，思维的碰撞是一件很有意思的事情。

即使对方的想法与你的完全对立也没有关系，也不必评判，毕竟观点没有好坏，但我们能够看出朋友在这多年里的成长与进步。

所谓“三人行，必有我师”，其实这个时代人人都是彼此的灯塔、老师，交流就是最好的学习方式。对未来的想法是一个很好的话题，说不定还可以带来进一步的合作或共赢。

32 ｜聚会时有人发生争执，如何平复大家的情绪？

会说话的人，不但是平常朋友中会聊天、职场中会表达的人，更是在遇到冲突时，可以有效化解矛盾的人。

我们一生会遇到很多人，人与人都不相同，有时这些不同会导致一些小摩擦甚至争执。很多人表示，在争执完冷静下来之后，都会后悔自己当时的所作所为。如果是我们自己，在多人聚会的时候遇到别人发生冲突，应该如何处理比较好呢？关于如何平复情绪，下面有 3 个步骤可以帮忙化解争执。

1. 先让对方坐下来

我们细细想来会发现，人与人起争执时，肢体动作往往可以反映人的情绪状态。我们会发现人在吵架的时候都是站立的，甚至有一些身高不占优势的人为高过对方，还会采取踮脚甚至跳起来的方式。因为人一般会认为，当自己比对方高时，就会在气势上压过对方。

当我们发现这个肢体规律后，再细想一下就会发现，几乎没有人会坐着吵架，一般都是站起来吵架的。即使是夫妻之间，坐着或者躺着也无法吵架，真的要吵时，一定会有一个人先站起来。

如果在聚会上有人发生争执，首先，我们要先让双方坐下，因为站着时“战斗”状态最强，坐下来后就会好很多。美国情绪管理专家罗纳德博士通过研究表明，人最愤怒的时间最多不会超过 12 秒，所以当控制住了这 12 秒，人就会渐渐冷静下来。而坐下来又会使情绪点降低，更有助于对方平复情绪。

2. 感性共鸣

当让对方坐下来之后，有很多人都采取了错误的方式安慰：“别生气，别生气哈。”因为人的潜意识当中是不接受否定词的，而且在这个时候，人也听不进去所有理性的分析。所以，要想真正让对方的情绪平复下来，在坐下来之后，我们要先感性共鸣，尝试用肯定的方式来跟对方达成情感上的一致。可以在下面 3 种肯定方式中，任选一种最符合当下场景的方式来使用。

（1）肯定对方的情绪

“咱先坐下来。如果我是你，我也会生气，你的心情我很理解。”

（2）肯定对方的动机

“咱先坐下来，他刚才说那句话容易让人误会，凡是有家庭的人都会不高兴。”

（3）肯定可以肯定的部分

“兄弟，你能坐下来，证明你是个很有修养的人，刚才通过你们的对话，我也能感受到你是个能够理性分析问题的人。”

先用肯定的方式进行情绪共鸣，当对方听到有人赞同自己时，他便不会觉得自己是一个人，所以情绪上也会有一定的缓和。但也有些人会“嘴硬”，这需要我们在让对方坐下来的时候，先给他倒杯水，然后看着他的眼睛真诚地肯定他，让他的注意力集中到我们这边来，从刚才的氛围中走出来。

如果情况激烈，有必要的话，可以将双方拉到远一点的地方坐下来，再来进行肯定的表达。

3. 理性思绪

从肢体上控制行为，从心理上达成共鸣之后，我们需要让对方做出理性的分析。所以，要用引导的方式让对方说出问题以及答案。这时需要我们善用提问的方式。

“刚才怎么回事儿？我一不留神就看你们吵起来了。你不像是这样的人啊。”这句话说完后，对方会将注意力放在解释事情的发展上。

“原来是这样，他为什么要这么做？不会突然就这样吧？你觉得是为啥呢？”这句话一出，他会尝试从对方的角度来思考问题。

“我觉得也是，你分析得很有道理，这么出色的你，会如何化解这样的矛盾呢？”这句话会让对方将注意力放到思考如何解决矛盾上。

注意，这 3 点的顺序不能有改变，如果任何一点没有做到位，那就很难让对方的情绪平复下来。

33 | 遇到“杠精”开杠，如何让对方冷静？

遇到“杠精”的情况在日常生活中并不多见，但也并不少见，不多见是因为生活中这样的人并不多，不少见是因为“杠精”越来越频繁地出现在当今网络时代，如在群聊、评论、直播中等。

我在线下授课的10年时间里，令我印象最深刻的一次被杠，是一位同学在课堂上当场对我提出质疑。事情大概是这样的：

有一次我在北京某个机构里讲授职场沟通类的课程，在与同学分享交流的时候，大部分同学都是频频点头，只有一个人双臂交叉于胸前并频频摇头。对于一个从业10年的讲师来说，我已经很久没有遇到过这样的“挑战”了，因为一些课程讲久了我就会觉得大家的反应都在我的预料当中，只有这一位同学的反应在我的预料之外，我特别想知道他的想法。于是充满好奇心的我，邀请了这位同学发表自己的想法。

我说：“请问这位同学，感觉你是一个特别有想法的人，愿意跟我们分享一下吗？”

学员说：“老师，我觉得你讲得挺好的，但是讲得不对，不符合我们公司的现状。”

因为同学们来自各行各业，所以讲师更多的是讲一些普遍性的案例，很难做到具体情况具体分析。

我立马反应过来，这可能是遇到“杠精”了。这类学员，不论上什么课程都很难换位思考，一定要从自己的角度出发，来解决自己的问题，行使自己的权利时也不会考虑其他人的想法。一般这样的具体案例，绝大部分学员会选择下课来找老师进行咨询，而不是在课上提出质疑。

我犹豫了一会儿，回答道：“非常好，这位同学，你说得对！”

这位学员顿时有些不知所措，他认为他在挑战讲师的权威，没想到讲师并没有反驳，却用“你说得对”来回答。

我接着说：“因为沟通问题，都是很具备个性化的问题，我们面对的人、环境不一样，沟通问题时肯定会有些差别。在对你的公司进行了解这件事情上，我确实没有你更了解具体情况，如果可以，你能够详细描述一下你的问题，来跟我们分享一下吗？也让我们大家一起帮你看看怎样解决会比较好？”

最后通过具体探讨，我们完美地解决了他的问题。

我讲述亲身经历是想说明，当我们面对面地遇到“杠精”时，与其反对他不如赞同他，“你说得对”的回应方式几乎百试百灵。“杠精”本来以为自己一定会得到回击，所以，要出其不意，用赞同替代回击。

线下面对面遇到“杠精”的情况确实不多见，但是线上就不一样了。那几乎是每时每刻都能遇到，小到群聊，大到各大社交平台上的留言、直播评论，处处都有“杠精”的影子。

假如在直播中遇到“杠精”，主播们该如何应对？有 3 种方法可以采用。

1. 无视

看见就跟没看见一样，“杠精”们杠累了，也就自己退下了。

2. 怼回去

这个时候是建立主播“人设”的时候，可以温柔地怼回去，也可以强硬地怼回去。怼了一次后，就不必再理会。总之，要让所有观众看到主播面对事情的态度，并注意维持好直播间的氛围，因为直播从某种程度上来说就是一次当众演讲，主播要更侧重于维护整个直播间的整体气氛，不能因为一个人而放弃了一群人。

3. 你说得对

仍然用我上面说的那种方法，用赞同来回应，直接、快速地跳过这个话题，进行下一个话题，保持直播间氛围和谐。

总之，无论是线下还是线上，“你说得对”这种赞同式的回应，都会给整体的谈话氛围带来正面的效果。

34 | 有人打听你的工资，如何机智回应?

如果是同一家公司的同事来询问你的工资，这时你要格外警惕。我们不清楚对方打听我们的工资是出于什么样的目的，即使对方没有目的，也很难保证他不会传出去，并且绝大部分公司都是明文禁止员工之间打听彼此的工资的。

那当同事询问我们的工资时我们应该如何回应呢？我将从 3 个情境出发和大家分享对应的方法。

1. 老同事以“关心”新同事为由

有些老员工可能在公司干了许久也没有涨工资，于是就喜欢从新人下手，寻求涨工资的谈判筹码。而有些初入职场的新人一不留神就容易被当“枪”使。所以，当有刚认识的老员工借“关心”为由，打听你的工资时，你不必认真回答，只需要换一种反问的方式来替代正面回答就可以了。

老员工："小王，看见你们这些年轻人我真是羡慕呀。你们现在底薪多少啊？估计比我那个时候高啊。"

新员工："刘姐，你真是说笑了，就算是我们的底薪高了，总收入也远远不如你们啊，毕竟你们是公司的中流砥柱啊，比不了。而且我现在是月光族，钱都不够花的。羡慕刘姐你啊，那么会理财，生活滋润，想必整体收入也比我们高出一大截，是吧？"

把问题再抛回给对方，不做正面回答。用半赞美半回避的方式，先抬高对方，不对自己的工资数目进行回答，同时运用反问，就可以机智回应。

2. 老员工之间的胜负欲

有些老员工彼此之间的胜负欲非常强，总想知道对方的薪资水平到底有没有高过自己，也担心公司偏心，没有一碗水端平，所以有时候会彼此试探对方的收入。如果大家遇到这样的情况，无须争执，回避或者转移话题即可。

3. 新员工到处打听

还有一种情况是新员工到处打听，担心自己进公司的时候工资谈低了。作为老员工遇到这样的情况时，不仅不能告诉对方我们的工资，还要委婉地提示新人努力工作总会有回报的。

新员工：“王哥，咱俩都喝过这么多次酒了，我也觉得王哥是个特别靠谱的人。我有个事想问一下王哥。”

老员工：“说吧，啥事儿？”

新员工：“王哥来公司也有3年了吧。您现在的收入？”

老员工：“我现在对我的收入还挺满意的。”

新员工：“那您3年前来的时候工资是多少啊？您知不知道其他跟我一样时间来公司的人的工资是多少啊？”

老员工：“小刘，我3年前来公司时，可是公司刚起步没多久的时候，待遇没有你们现在的好。我也不太知道其他同事的工资。我特别理解你的心情，谁到了一个新的环境都想多了解一下，但是我们公司你放心。王哥我也算是工作了好几家公司的人了，这家公司只要好好干，上升空间很大。我看好你呀。”

总之，职场中更多的是一种利益关系，工资这类问题相对敏感，不正面回答就是最好的回答方式。

哎，你工资多少呀？
ooo
三招机智应对打听工资
以"关心"为由
把问题再抛回给对方
用半赞美半回避方式
先抬高对方，再反问
对方工资情况
老员工的胜负欲
担心公司没有一碗水端平
无须争执，回避或
转移话题即可
新员工到处打听
10000
7000
担心自己的薪资谈低了
不要告诉对方工资
低了，要委婉提醒新人
努力工作就有回报

35 | 别人问女生年龄，女生不愿说，如何回复或救场？

在生活当中，有些人总是会问一些别人不想回答的问题。我们不谈个性化问题，就比如最常见的女生的年龄问题，有些人总是不分场合地问出口。很多女生都不愿意说出自己的年龄，原因其实很简单。因为传统文化对女性的要求很高，如果年龄相对大一点，下一个话题很可能就是跟结婚和孩子有关，如果年龄相对小一点，下一个问题可能也是打听恋爱成婚情况。而且现在很多女性崇尚独立，更希望别人看到自己的能力，而非年龄、性别。

如果在我们身边，有人抛出这个问题，恰好被问到的我们或其他女生不想回答，面露为难之色，我们该如何替自己或替她解围呢？可以尝试下面 3 种方法中的任意一种。

1. 岔开话题，聊别的八卦

直接岔开话题，用另一个八卦话题来取代这个问题。

“与其关心年纪，不如关心一下另一件事，你们知不知道，我前两天听说某某明星和某某某明星在一起了，你们说这是真的吗？”

八卦之心人皆有之，用人对八卦的好奇心盖过对年龄的追问。

2. 利用反问，让对方退步

直接反问一个问题，让对方放弃追问。

“你怎么那么关心女孩子的年龄，难不成你看上人家了？”

一般这种情况，提问方都会忙着回避，自己转换话题。

3. 设置谜语、游戏

“我看你对女孩子的年龄实在是感兴趣，这样吧，我们来玩个游戏或者猜个谜语，如果你获胜了，我把我的年龄告诉你。”

注意，使用这种方式的时候，一定要是自己真的有谜语或者游戏，而且很多人都不知道答案，否则会弄巧成拙。

36 ｜被人过度夸奖，如何自然地回应？

在《效率手册 2：沟通高手》这本书中，我提到过，人人都喜欢被夸奖。但我们身边总有些人的夸奖过于夸张，让我们陷入尴尬。遇到被过度夸奖，我们应该怎样回应？

首先，我们要清楚对方是好意，接受赞美往往比拒绝赞美更能让对方感觉舒服。所以，在回应的时候也可以运用反夸技巧。

当别人这样夸你能力强时："小张，你这也太厉害了吧，也就三十出头，这收入远远超过身边人一大截，我从来没见过像你这么厉害的年轻人，阿姨真佩服你。"

我们可以尝试这样回复："阿姨，我也是真没想到会有人这么夸我。而且我也没见过像您一样这么会夸人的人，以后我可要跟您学学如何夸人。"

当别人这样夸你颜值高时："我从来没见过你这么好看的女孩子，真的，我自诩纵横职场十余载都没见过，你怎么长得这么好看呢？"

我们可以这样回复："前辈真会说话，其实我就是一个普通女孩，之后在工作上还需要这么会说话的前辈多分享点经验呀。”

当别人这样夸你情商高时：“我来公司也有 5 年时间了，像你这样高情商的新人我还是第一次见，我特别佩服你既能催到稿子，又能跟作者保持良好关系。我甚至都看不出来你是个新编辑。”

你可以尝试这样回答：“您过奖了啊。我之所以有方法催到稿子，也是跟前辈学习了很多，然后结合了自己的风格，没想到还挺奏效。多亏了前辈我才有今天的进步啊。感谢前辈，您才是高手。”

被夸奖的时候不必不好意思，最好的回复方式也是夸奖。

本章通过 9 个实际场景，给大家在化解尴尬上提了一些建议和想法，让各位读者在遇到类似情况时不尴尬、有话说、大胆说。除此之外，还有些人最担心的就是突如其来的即兴发言。我们将在第五章中，帮助更多人做到即兴开口，即兴发挥。

Part5

有即兴：随时随地从容表达

37 | 储备腹稿，即兴表达心不慌

即兴表达真的是完全无准备的表达吗？其实并不然，即兴是一个伪命题，很多即兴表达能力好的人，在正式上台之前一般都有储备、学习、练习的过程。而最后在台上那几分钟的呈现，只是水到渠成罢了。

练习即兴表达能力，只需要在平时多留心发生的事，看手机的时候多留意一下好的文章、新闻，并多分享感受和评价就可以了。然后在遇到即兴表达的时候，我们就可以运用平时积累的信息和知识进行腹稿的组织，这样在上台进行发言时就会有不错的表现。

有一次，丘吉尔临时被叫去做一场演讲，在路上也没有时间写演讲稿。当到达演讲地点时，司机为丘吉尔开门："先生，到了，请下车。"丘吉尔不说话，似乎在想什么。司机以为丘吉尔没有听见，又说了一遍："先生，到了，可以下车了。"丘吉尔说："稍等，我还在准备我的即兴演讲内容。"

丘吉尔并没有写下一个字，而是通过思考自己即将要讲的主题、内容、收尾，提前想好自己要讲的内容的整体脉络。正因如此，才

有了一次次经典的演讲呈现给观众。实际上，好的即兴表达离不开随时随地可以调用的腹稿。当我们有了储备，就可以做到心里不慌了。有 3 种方法可以积累知识储备。

1. 多留心体会身边的事物

其实每个人的经历就是最好的储备、积累，只是很多人都忽略了自己身边每时每刻都在发生的事情。当我们开始感知身边的人和事的时候，我们自然而然也就有了很多素材和故事。

2. 认真使用手机

我们每天在手机上获取的信息是爆炸式的，比如看过的公众号文章、短视频等，但常常是看过就忘了，这些其实都是我们可以跟别人分享的素材。不需要全部记住，只记住能够记住的关键内容就可以了，因为记不住的通常不重要。

3. 注重随时随地的即兴表达

不要等到上了舞台再去分享，生活中处处都是舞台，跟别人随时随地的分享就是在练习即兴表达，因为我们不可能跟对方说：“你等一下，我写个稿子再说。”把每次说话都当作练习，那我们练习的场合便是随处可见的。天长地久，这样的刻意练习就会带来好的即兴分享。

所以，心中有储备，我们才能在即兴的表达场合做到不慌不忙。

38 | 四个表达模板，即兴表达有条不紊

即兴表达除了需要有储备，可以随时打腹稿之外，还需要有效的输出方式，才能达到想清楚、说明白的效果。我介绍 4 个在即兴表达中常用的模板，帮助大家有效输出。

1. “百搭”模板：主题—素材—结论

首先，是使用频率最高的“百搭”模板：主题—素材—结论。这个方法使用范围广泛，并且易上手，80% 以上的场合都会运用到这个方法。

主题：先表达出自己想要说的中心思想、观点。

素材：运用故事或者经历来证明。

结论：根据故事或者经历得出一个答案，与主题相呼应。

比如，在公司名为“战略”的讨论会上，让每个人都发表自己的看法，我们就可以运用“百搭”模板来进行发言。

“通过今天的战略讨论会，我深有感触：只有做好战略部署，才

更有方向感（主题）。还记得我在前一家公司工作的时候，公司在战略方面的工作做得比较模糊，可以说经常朝令夕改，让员工们不知所措。而今天这次会议，我们确定了未来 1 ～ 3 年的战略规划，无论是领导层，还是执行的员工，都会更加有方向、有目标，也会更好地推动之后的工作（素材）。所以，只有拥有了好的战略部署，工作才更有方向感（结论）。也非常感谢公司能够给我们参与战略布局讨论的机会，让一切工作推动起来更加方便。”

2. 故事模板：情景—冲突—问题—答案

有时，表达可以通过一个故事来让大家意会，因为这样的表达往往更能引发人的思考。怎样快速组织好一个故事？一套故事模板分享给大家：情景—冲突—问题—答案。

情景：描述故事发生的一部分情景。

冲突：情境中的冲突画面。

问题：冲突中产生的问题。

答案：给出一个结论。

我最近经常会举一个老和尚和一个小和尚的故事，来更好地为学员讲述这种表达模式。

有一天，老和尚和小和尚坐在一起喝茶（情景），老和尚突然感觉到喉咙不舒服，一口痰吐在了佛像的脸上（冲突）。小和尚一看，非常吃惊，张大了嘴巴，大声地跟老和尚说：“师父，你在干什么？

这是佛像啊，你怎么能这么做！”（问题）。老和尚看了看小和尚，严厉地回答道：“那我往哪里吐？到处都是佛。”（答案）

这个故事充分运用了“情景—冲突—问题—答案”的模型，让观众立马感觉到“好有道理”的感觉，也会引发观众的思考。很多时候，我们只需要引发观众思考就可以了，而直接运用故事能更好地达到目的。

3. 解释说明模板：是什么—为什么—怎么做

经常有一些专业人士会有这样的困惑，明明是一件自己非常熟悉的事情，但是给客户或者其他部门的同事讲起来时却异常困难。这主要是因为我们在给客户进行解释的时候，脑海中理所应当地认为客户跟我们一样是专业人士，而缺少了从非专业人士的角度来思考和解释的思维。

首先，我们要知道，一个非专业人士在接触到专业的内容或者产品时会产生的疑问，无非就是“是什么—为什么—怎么做”，这种思考问题的方式其实也是解答的方式，我们同样可以按照这 3 点来为非专业人士解答专业内容。

比如，我有位朋友是保险行业的从业者，手机 App 刚开始普及的时候，他的公司也推出了一款 App，希望广大客户都可以运用 App 来进行部分操作。但是，当工作人员跟客户进行落实的时候结果却并不尽如人意。他们虽然准备了专业话术，但是仍然无法让客户听懂。于是，我让他现场运用“是什么—为什么—怎么做”的方式来进行了示范。

“你好王姐，好久不见，我是某某公司的小刘。今天给您打电话主要是想跟您分享一个好消息，我记得您之前跟我说，您总出差，所以有些保险的问题总是没有办法第一时间处理（为什么会有这款产品）。现在好了，我们有一款新上线的手机 App，可以帮您快速处理这个问题（是什么产品），只要您有手机有网络就可以搞定。操作很简单，只需要打开手机商店，下载某某 App……（怎么做）”

通过上述描述，朋友便可以快速地跟非专业人士解释清楚。注意，是什么和为什么的顺序可以调整，根据实际情况，可以先说是什么再说为什么，也可以先说为什么再说是什么。

4. 分析现状模板：现象—原因—解决方法

还有一种方式，是在培训课程以及现象解释的时候，大量会采用的模型：现象—原因—解决方法。

现象：描述现象中出现的问题。

原因：造成这个现象的主要原因。

解决方法：处理这件事情的解决方法。

比如，我在培训演讲的时候，总会有学员遇到一演讲就紧张的问题。在我的上一本书《从 0 到 1 搞定即兴演讲》以及相关课程中，我都运用这个模型来解释这个问题：

“大家在演讲紧张的时候，是否会遇到手抖、腿抖、脚抖、面红耳赤、心跳加速等情况（现象）？紧张的原因主要由生理和心理两方面因素造成……（原因），想要更自如地进行表达，我在这里给大家推荐 3 个方法……（解决方法）”

这段文字完全是按照模型在套用，而且绝大部分培训都会以这种方式开场。

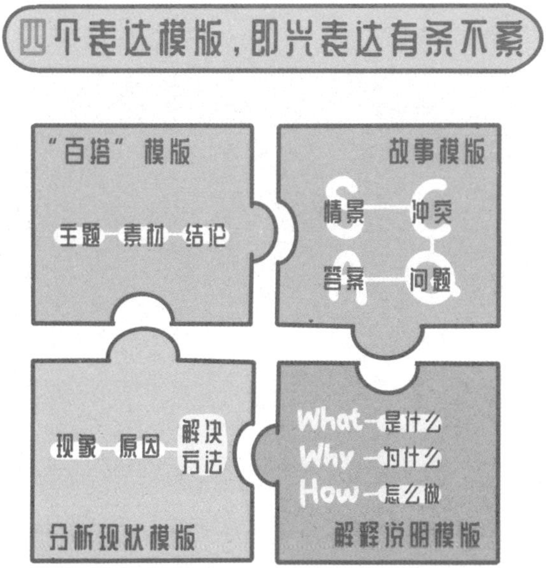

39 | 这样玩游戏，能提升即兴表达能力

一直以来很多老师都在追求寓教于乐的教学方式。实事求是地说，学习的初期是枯燥的，但是学习的中后期是有趣味的。学习表达也是如此，学习和练习总是枯燥的，如何让更多人喜欢上学习表达、练习表达呢？之前在《说话就是生产力》这本书中，我看到了一种运用扑克牌进行练习的方式，既能够拓展思维，又能够很好地锻炼即兴表达能力。因此，我将这套“牌”打造成定制款，在《从0到1搞定即兴演讲》线上特训营中进行教授、训练以及配合小视频讲解之后，很多学员都从中收获颇丰。《说话就是生产力》中只有3种玩法，而且本质上是一种玩法的叠加，我在此基础上又开发了几种玩法。

在本书中，我将提供玩法文字版。具体的视频示范，大家可以关注“于木鱼”微信公众号或者“木鱼演讲”视频号、抖音号，免费观看玩法一和玩法四的视频讲解。

【表达扑克牌玩法一】

抽取一张牌，造一个复杂的陈述句。

4 ~ 6 人为一组是最好的，如果没有那么多人，自己一个人玩也没有问题。

首先，随便抽取一张牌，用上面的词语造一个复杂的陈述句，而不是简单的句子。比如你抽到的是“领域”这张牌，你不能说：“我知道这个领域。”这太简单了。你可以这么说：“我认为每个人都有自己擅长的领域，并需要在这个领域中扎根、努力、创新，才会有好的成就。”造完句子后，用“领域”这张牌问一个开放式的问题，比如：你觉得你的工作领域是什么样子的？然后再抽取一张牌，用第二张牌上的词语来回答上一个问题，比如又抽到了“自信”，你可以说：“我可以自信地说，在我们的工作领域中，精准的数字就是我们每一个财务人的追求。”回答完毕后，再问开放式提问，接着继续抽词语进行回答。

【表达扑克牌玩法二】

玩法一是让我们抽 1 个词，玩法二就是抽 2 个词。抽取 2 个词造句，用 2 个词提问，用 2 个词回答。

具体操作步骤与玩法一相同。

【表达扑克牌玩法三】

跟上面方法相同，只是把 2 个词改成 3 个词。

【表达扑克牌玩法四】

抽取 10 张词语牌，讲一段故事。这个故事本身没有任何要求，只要能够成功串上 10 个词就可以。如果想让游戏更刺激一些，可以限制一定的时间，比如 1 分钟或者 2 分钟等。

【表达扑克牌玩法五】

1 分钟以内用比较有逻辑的话语串起更多的词语。这个不难理解，但是另有要求。方法四是你可以看到 10 个词语，而方法五是你一次只能看到 1 个词，串上这个词后，才能看下一个词，并且要求整段话是有逻辑性的。

【表达扑克牌玩法六】

每人抽取一张卡片，抽取完毕后，裁判根据大家的牌来给这次游戏定一个主题，并决定发言顺序。然后所有人要用自己抽到的牌上的词，来阐述这个主题。按照规定顺序发言，每人说两句话，然后下一个人接上，以此类推，拼凑成一段话。如何能够让对话符合主题就变得很重要。

比如，当 5 个人分别抽到了分辨、过程、思想、聪明、推理 5 个词。裁判设置的主题为：努力一定可以成功。

第一个人：

我认为每一个人都应当具有一定的分辨是非的能力，因为很多情况下我们自己追求的成功路径不一定是正确的，也许是一条弯路，也许是一条岔路，也许这条路根本没有尽头。我们如果没办法去分辨成功路上的是非，就很容易让自己误入歧途。

第二个人：

没错，在成功这条没有标准的道路上，我们可能会经历很多，无论是挫折、困难，还是欢喜、荣誉，这些都是这条路上的重要体验、重要过程。可以说是这条路上最值得回忆的一道风景线，你我都不容错过。

第三个人：

在成功的过程当中，我们每一个人的思想、思维、认知都尤为重要，因为很多事不是你不会，而是不知道。对于战略方针的大方向的把握，将会成为能否成功的最重要的一个因素。

第四个人：

有思想、有战略、有行动的人，我们往往认为这种人是聪明人。聪明人不一定会走捷径，聪明人不一定会有好的运气，但是聪明人一定有自己的智慧。

第五个人：

聪明人大多都有些过人之处，比如过人的推理能力。这种推理能力，我更多地把它看作是一种对未来的推理，是一种前瞻性，具有前瞻性的人往往可以走在事情的前面，这样的人也更容易成功。

这 5 个人的两句话的回答就串成了一段有质量的话语。如果你对自学即兴表达很感兴趣，那么就可以试试这个方法。

以上就是目前有的 6 种表达扑克牌的玩法。每当我介绍这个方式的时候，总会有朋友问我表达扑克牌从哪里卖。目前市面上没有销售表达扑克牌的渠道，各大平台只有空白扑克牌销售，中间的词需要自己查找。大家可以自己制作表达扑克牌。

制作表达扑克牌的方法：

（1）购买空白扑克牌或者普通扑克牌。

（2）随便找一篇文章，找出其中的 18 个动词、18 个名词、18 个形容词（包括 9 个褒义，9 个贬义）。

（3）将找好的词贴在扑克牌上。

这样，一套牌就制作完毕了。我们可以通过玩表达扑克牌游戏，玩出好的即兴表达能力，以后面对演讲中观众的临时反应，我们就能够更好地处理突发情况了。

40 | 即兴表达如何开场？三步让你一开口就获得关注

很多人在临时被要求分享和发言时，往往会不知所措，甚至连开场第一句话都不知道该说什么。实际上，无论是准备好的发言还是即兴的发言，开场的方法技巧几乎相同。下面我将介绍常用的表达开场的 3 个步骤，帮助大家解决即兴表达开口难的问题。

开场三步：问好、寒暄、自我介绍。

问好：99% 的场合中，开口表达的第一句话都是问好，不论是平时的打招呼还是舞台上的正式分享皆是如此。只需要根据场合的不同，在使用时进行微调就可以了。

比如今天只是同事之间的简单分享，我们可以说“大家好”“各位同事好”“各位同仁晚上好”。

如果今天是有领导在场的相对正式一点的场合，我们可以说：“各位领导、各位同事大家好。”

如果今天有层级较高的领导和重要嘉宾，那我们的问好要更加正式一些，我们可以说：“尊敬的各位领导、各位来宾，亲爱的同事们，大家中午好。”

寒暄：当我们面带微笑地把第一句问好的话讲完后，内心也会稍微放松一点。第二句，我们可以拉近距离跟现场观众寒暄一下。

比如我们经常听到主持人在主持节目的时候说：“今天非常荣幸能够主持这次活动。”我们同样也可以用这样的方式进行寒暄。

我们可以说“今天很开心能够跟大家分享我的故事”“今天很高兴能够站在这里跟大家一起分享”“今天很荣幸领导给我这样一次分享的机会”。

自我介绍：寒暄过后，我们需要根据具体的场合做自我介绍。如果是非常熟悉的场合，大家彼此都认识，那自我介绍就可以省去了。如果是相对陌生的场合，只要确定有人不认识自己，那就要做个自我介绍。此时此刻的自我介绍不必复杂，如果是在职场中，只需要把自己重要的头衔介绍出来就好，以显示自己的身份地位。我们可以这样说：

“我是销售部经理王小二。”

“我叫张三，来自公司财务部，目前负责财务部门的日常事务。”

“我叫李四，是培训部的培训讲师。”

以上就是开场常用的三步：问好、寒暄、自我介绍。如果大家在公司被临时要求发言，要记得面带微笑地说：

“尊敬的各位领导、各位同事，大家好。今天非常荣幸能够有这样的一个机会，在所有同事面前进行分享。我叫王小五，是公司的营运部负责人……”

这样的表达简单自然，通常一开口就会被更多人关注。

41 | 即兴表达如何制造高潮？五招帮你赢得满堂喝彩

当有了一个好的开场之后，怎样有一个好的内容能够让现场观众热情喝彩，也是大家关心的话题。在这里我跟大家分享 5 个可以帮助大家在即兴表达时让观众产生共鸣，调动观众积极性的方法。

1. 互动提问

提问是最好的互动方式。即兴表达时更要善用提问，因为提问的互动方式可以在调动他人积极性的同时，为表达者争取思考的时间，掌握观众当下的反应，对讲话内容做出适宜的调整。

提问大多分为封闭式问题和开放式问题两种。

封闭式问题：答案可控的问题。如：是不是？好不好？对不对？能不能？答案无非就是 A 或 B。问这类问题通常比较好把控听众的答案。

开放式问题：答案不可控的问题。比如“大家对这次活动的感受如何？”这个问题一出，观众的回答可能是五花八门的，表达者并不能预判回答者的答案。

所以，在一对多的表达中，建议大家多采用封闭式问题，因为答案可控，比较好把控现场。比如：大家希望自己收获财富吗？大家希望自己有个健康的身体吗？大家希望自己表达时不紧张吗？这类封闭式问题非常好把控，也可以与听众产生很好的互动。

而开放式问题的答案因为不确定，所以不建议大家在人多的场合高频次使用。但在一对一或者一对二这种人少的时候，使用开放式问题，有助于双方思考，以及引导对方多说话，不至于冷场。

所以，多用封闭式问题来与听众进行问答，一来一回的互动可以让现场气氛更愉悦。

2. 擅讲故事

关于讲故事，我在书中曾多次提到，我甚至经常毫不夸张地说：“演讲、表达，就是讲故事。”因为人们喜欢听故事，所以有故事表达才精彩。如果能够用一个贴合当下的小故事来作为分享的内容，可以更好地使听众沉浸在故事之中，从而感同身受。

3. 运用情绪

想要让听众与表达者的情绪产生共鸣、达到同频，利用情绪的力量必不可少。很多表达者不太会运用情绪，整个表达平淡无奇，从头到尾都是一个语言节奏，而且面部没有表情，这样很难调动观众的情绪。所以，要多运用情绪进行表达，开心就要表现出开心，难过就要表现出难过，愤怒就要表现出愤怒。甚至不是真的有这些情绪，而是演绎出这些情绪的感觉，做情绪的主人。

可能有很多人对于“做情绪的主人”这句话并不是很理解。我来举个例子，我有个朋友是心理学老师，那个时候我们还住在同一个宿舍，当时我们约好第二天中午一起去吃饭。结果，第二天上午我在宿舍客厅看到她的时候，她正在对着电话发脾气。这个场景我从来没有见过，她在我们心目当中一直都是一个非常温柔的女生，我还是第一次看到她发脾气，都感觉有点儿瑟瑟发抖。我心想：“估计这中午饭是吃不成了。”可当她打完电话后，她直接转身看着我，非常开心地说：“走啊，吃饭去。”我惊讶地说：“你刚才不是在发脾气吗？还想吃饭吗？”她：“哈哈，没事儿，我没有真的生气，是刚才的情况需要我生气。”我：“啊？厉害了，全靠演技啊。”

这个故事可以说明，其实人是可以利用自己的情绪去影响他人的。即兴表达也要运用情绪的力量，以达到演讲的高潮。

4. 降低听众期望值

临时性的即兴表达，往往会让我们紧张，紧张有时候会影响我们的正常发挥。那在开场时可以提前说明，从而降低观众期望值。比如：

“领导突然间让我来分享，我确实有点紧张，需要大家的掌声鼓励一下。”

越是降低身份，越是受欢迎，因为你降低身份后，大家的期望值就会变低，这样只要你表达流畅，就是超出听众预期的表达，大家就会觉得你表达得非常好。

5. 善用自嘲

在《效率手册 2：沟通高手》这本书中，我曾讲到，幽默是最好的互动手段，而自嘲又是幽默中“百搭”的方法之一。自嘲，就是通过抬高别人贬低自己来达到一种幽默效果。如果我们可以在表达的时候自嘲，就可以博得听众一笑，听众或许就会觉得这个表达者还挺有意思的，于是就会选择听下去。比如：

“我站在这里，放眼望去，发现台下的各位同事都是比我还要优秀的人，跟各位优秀的同事做分享我感觉非常荣幸。”

“熟悉我的同事都知道，相对于表达来说，我更愿意埋头苦干。所以，表达这件事情我远远不如在座的各位，还需要跟在座的各位多学习一些表达技巧。但是就业务来说，我是专业的。”

“看到台下的各位观众，我觉得你们比我强多了，因为我上大学的时候就知道玩，是绝对不会在这里听别人分享的。”

自嘲的方式可以让表达者不显山不露水地跟观众拉近距离，有时还可以博得观众一笑。

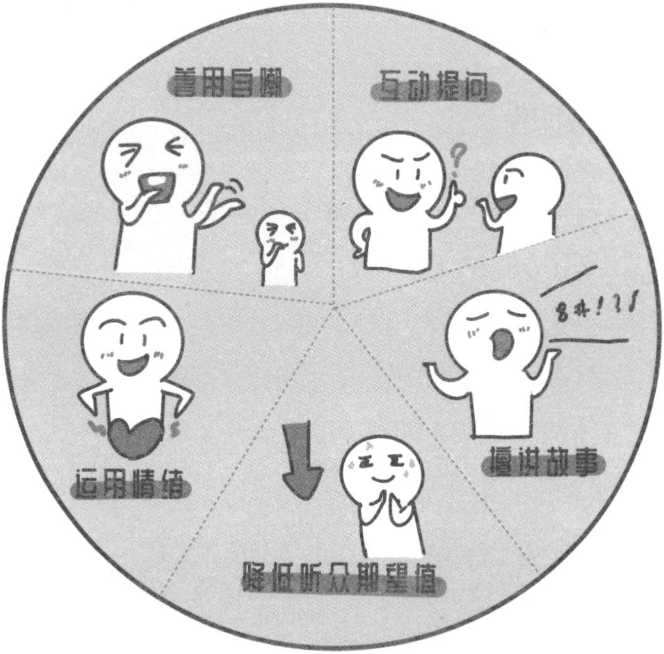
善用自嘲
互动提问
擅讲故事
降低听众期望值
运用情绪

42 | 即兴表达如何收尾？一个技巧让人听了还想听

当有了即兴表达的开场 3 步、内容的 5 个方法后，如何收尾也特别重要。有很多人做即兴表达时会有虎头蛇尾的现象，也就是说前面发挥得特别好，但是在结尾的时候匆匆结束，给听众造成“好像还没有讲完”的错觉。所以，好的即兴表达，除了开头和中间高潮部分外，结尾处也要重视起来。如何收尾才能够更好地承接前面的内容呢？在这里同样给大家介绍 3 种收尾方法。

1. 引用诗歌

如果自己的内容储备足够，我们可以在结尾的时候，分享一些诗歌作为整个主题的收尾。比如，王德顺老先生曾在演讲的结尾引用了一首诗——白桦的《船》，献给了所有的奋斗者。

“下面我用一首诗歌来结束我的演讲。

我有过多次这样的奇遇，

从天堂到地狱只在瞬息之间；

每一朵可爱、温柔的浪花，

都成了突然崛起、随即倾倒的高山。

每一滴海水都变脸变色，

刚刚还是那样美丽、蔚蓝；

旋涡纠缠着旋涡，

我被抛向高空又投进深渊……”

当王德顺老先生倾情朗诵这首诗歌时，又将演讲推向了高潮。

如果我们平时感兴趣的话，也可以储备一些诗歌，在必要的时候分享，完美收尾。

2. 引用句子

如果说引用诗歌的方式有点难，那我们可以降低一个难度，引用名句作为收尾也是很好的选择。这个句子可以是诗词歌赋的一句，也可以是行业内部的，甚至是公司老板、领导说过的经典话语。

比如，之前的《超级演说家》冠军刘媛媛在演讲《寒门出贵子》中，就引用了一句古文：“这个故事是有志者事竟成，破釜沉舟，百二秦关终属楚；是苦心人天不负，卧薪尝胆，三千越甲可吞吴。”

用这样的句子进行收尾，也能给整个即兴表达加分不少。

3. 提问引发思考

如果觉得引用句子不好掌握的话，也可以用提问的方式，这种提问的方式只需要提出问题不需要听众回答，只引发思考而不必寻求回应。

《超级演说家》中曾经有一位叫刘耕宏的选手，他是歌手、明星，在比赛中自然也是演讲者。他在《健身改变人生》这场演讲中运用了提问的方式进行收尾。

“你现在追求的是什么？你人生下半场想过什么样的生活？想每天起床围绕身边的是医生、护士，还是你的老婆、孩子？你想每一天穿自己喜欢的衣服，还是每一天穿着医院的病服？你人生的下半场要怎么过就看你怎么选择了。祝福在座的每一位。谢谢大家。”

其实，我一直都认为，表达的收尾并不是结束，而是新的开始，是对表达者立体认知的开始。

43 | 饭局上突然被要求“讲两句”，怎样说显得不怯场？

很多公司都有聚餐的文化，在饭桌上当众即兴发言也经常发生。

在饭桌上发言跟在会议室中发言相比，实际上要轻松很多，因为饭桌上人与人之间说话的状态，本身就相对轻松一些。所以，大家在饭局上被要求发言时也不必慌张，只要讲以下 3 点就可以完美解决。

1. 感谢

首先，感谢不能少。不论是谁要求我们说两句，都要感谢对方的邀请。可以尝试这样表达：“感谢王总给我这样一个分享的机会。”或者说：“感谢刘总今天把我们大家聚在一起。”

2. 回忆

感谢过后，尝试回忆。回忆是最能激起共鸣的方式。所以，在人多的时候，建议大家使用勾起大家回忆的方式来进行表达，可以尝试这样说：

“还记得，上一次吃饭的时候也是刘总请客，当时您说了我们这个部门未来的发展方向，一下子就把我们大家的积极性都调动起来了，我这个干了快十年的老员工更是激情澎湃。经过刘总的不断鼓励，我们后来才能在业绩上再创新高 。”

勾起当时的回忆，最能够赋予大家画面感，带动大家思考。

3. 祝福

最后，对所有的人表示祝福。可以尝试这样说：“最后，我提议大家举杯，祝福在座的每一位都能够幸福美满，身体健康，腰包满满！干杯！”

运用这个方法，假设客户吴董在饭局上，邀请你说两句，而你的身份是负责与吴董进行合作的项目经理。按照“感谢—回忆—祝福”来进行表达，你可以尝试这样说：

“首先，非常感谢吴董在百忙之中抽出时间跟我们在座的各位相聚在一起，还记得我刚开始听说自己要接手吴董的业务时，内心是多么激动，因为众所周知，吴董在业内的影响力和能力都没的说。

刚开始我是既激动又紧张，但在跟吴董对接业务的这些天里，我发现这么厉害的人竟然没有架子。之前我们这边的对接上出了一点儿小问题，我以为会影响到合作，但是吴董不但没有责怪我们，还引导我们怎样做才能达成双赢。再次感谢吴董。这样，我提议大家举起手中的酒杯，祝福我们这次合作成功，也祝福在座每一位身体健康，事业高升！干杯！”

掌握了“感谢—回忆—祝福”的表达方式，我们就能轻松应对饭桌上突然被要求“讲两句”的即兴发言了。

44 | 临时发表获奖感言，如何做到面面俱到？

公司在举行年会的时候，一定会表彰在这一年当中表现突出的团队和员工。当我们作为员工或者优秀团体代表被表彰的时候，往往因为激动而不知道说些什么好，甚至还有人紧张到一句话都说不出来。

发表获奖感言其实并不难，只需要一招就能搞定。在前面我跟大家分享了即兴表达的开场，在获奖发言时，我们也要注意把前面讲到的开场部分的表达方式运用好。当我们知道如何发表即兴开场的 3 个步骤之后，心里便无须再考虑开场的事情，而是想着一会儿要表达的主题是什么，并用一个词或者两个词来概括这个主题。这就是即兴发言中最好用的方法——关键词法。

在发表获奖感言时要活用关键词法，并结合获奖场景。基本上我们至少可以总结出一个词：感谢。如果觉得一个词太少，再加一个词也可以，比如再加一个期待。

比如我们可以尝试这样说：

“尊敬的各位领导、各位同事，大家好。非常荣幸可以获得优秀员工奖，其实我非常意外，并没有想到自己可以获得这个奖。我觉得此时此刻我站在这个领奖台上内心只有两个词想要跟大家分享，一个是感谢，一个是期待。感谢大家一直以来对我的支持，余董作为董事长很关心最基层的员工，经常来我们部门进行指导，甚至找我们谈心。此外，我能够有今天的成长也离不开各位领导、各位同事对我的关照。感谢大家。第二个是期待，我对我们的公司一直抱有很高的期待，因为这家公司给我最大的感觉就是希望，有希望的企业才是我们每一位员工想要为之长期努力的企业。我相信大家跟我一样，一直期待着公司能带给我们更多的希望。最后，祝福在场的每一位领导和同事在新的一年里事业有成，家庭和睦。谢谢大家。”

45 | 面对会议上突如其来的提问，如何清晰回应？

在职场上有一部分人，很害怕在工作汇报等会议上被领导提问。甚至有人说："领导只要在会议上打断我说话并且向我提问，我就不知道接下来该说些什么了。"你是不是也有类似的情况？

首先，我们需要想一下，领导为什么在会议场合打断我们的正常汇报？根据我多年的经验，我发现主要原因无非有两种：第一种是我们没有讲清楚；第二种是我们没有讲到点子上，也就是缺少重点。

很多职场人在进行工作汇报的时候，之所以被领导打断思路，大多都是因为没讲清楚。比如当我们没有把数据的来源讲清楚，领导就会打断，问："这个数据哪里来的？"领导这样提问的主要原因是他不知道前因后果。此时，以数据问题为例，我们只需要解释 3 点就可以。

（1）这个数据是代表什么的数据

（2）这个数据是怎么得出来的

（3）这个数据对未来有什么用

比如，在我们要汇报的数据中，有一个数据是“增长 20%”，那我们就要跟领导解释一下，比如说：“领导，我们这个月的业绩较上个月相比增长了 20%（代表什么）。这个数据是我们的后台系统统计出来的。近一年来，‘增长 20%’是我们公司目前最好的成绩（怎么得出来的）。我想‘增长 20%’对我们整个部门都起到了一个很好的激励作用。我们总结了这个月的工作方法，发现是因为我们的工作方法优化了，这个数据才有这样大幅度的增长，我们愿意把经验分享给各个部门（对未来有什么用）。”

当我们按照这个方法解释完毕之后，可根据实际情况看要不要继续讲下去，不一定要立即过渡到下一项内容上。我们可以在讲解完毕后停顿一下，看向领导，用眼神或者话语确认领导是否听懂了，或者领导有没有其他问题，做到清楚、主动地把控节奏。

所以，被领导打断不用慌，只需要明白这可能是因为我们在某些地方没有讲解清楚，停下来再讲一次就好了。